Money錢

Money錢

投資別再情緒化！

讓數據說話　用科學方法讓本金百倍奉還

黃凱鈞（小路Lewis）——著

Money錢

目錄 CONTENTS

Chapter | 02

用科學方法 把投資變無聊

Chapter | 03

建構屬於自己的策略：基礎篇

Chapter | 04

建構屬於自己的策略：進階篇

Chapter | 05

做好風險控管 人生彎路更快走完

Chapter | 06

讓投資成為理想生活的基石

附錄

推薦序 1

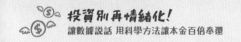

投資是一門科學 獲利有公式可套

這本書是我所看過所有投資理財書籍中最實用且深入的一本。小路不僅是我的優秀學生，更是一位經驗豐富且熱情洋溢的全職交易員，他在研究所求學時期就展現出卓越的邏輯分析能力和熱忱，其優秀論文也獲選在台灣期交所研討會上發表，我曾多次邀請他回到母校，與後輩分享他在股市上的心得和技巧，深受同學的讚賞和歡迎。

小路從大一就開始自學投資理財，利用打工收入來累積本金，以小額資金投入市場，從中學習經驗和技巧。他的故事相當鼓舞人心！對於「全拋世代」提出了很多務實和理性的建議，相信可以幫助他們找到自己的方向和動力，提供另外一種思考方式與行動方案。

書中談到「把投資變無聊」這件事，或許會引起讀者的好奇或困惑，投資不是要有趣和刺激嗎？小路在書中解釋了他的理念：「投資是一門科學」，必須遵循科學的方法和原則，而非單純依靠直覺、情緒或消息面來決定買賣。

小路將他多年累積的知識和經驗，毫無保留地呈現給讀者，以淺顯易懂又不失嚴謹的方式介紹「科學化投資」的概念及步驟，這種科學化方法有別於傳統主觀交易，不受投資人情緒或市場噪音影響，而是利用數據分析找出市場上隱藏的交易機會和有效因子，並將其轉化成交易策略。

本書的最大特色和優勢是利用 XQ 系統回測，驗證各種股市因子和指標的有效性，例如基本面的財報數據、技術指標及籌碼分布等，並詳細介紹如何根據這些因子和指標建立選股及交易策略、如何設置停損與停利點、如何評估歷史回測的結果。

不論你是新手還是老手，或者你是價值投資者還是技術分析者，都可以從中獲得啟發和收穫。小路用專業而清晰的語言解釋科學投資的原理和方法，並用一些實例來展示他的成功經驗，讓讀者可以更容易地理解和實施科學投資。

除了科學化投資方法，小路也分享了他在交易過程中遇到的困難和挑戰，提醒新手要避免聽信消息面、參數最佳化等陷阱，並利用下班時間創造價值、從興趣出發減壓、設置緊急預備金保護自己、持續學習與成長，才能在逆境中突圍而出。書中也分享了一些實用且有效的心理素質和風險控制技巧，包括如何建立正確的交易心態，以及如何設定合理的目標和期望值等。

股市變化無常，沒有必勝法則，我對小路的科學化思維和方法深感佩服，再次強調這是一本實用且深入的量化投資書籍，提供了寶貴的知識技能和系統化的量化交易流程，讀者可以學習到如何用數據、科學、平台和程式，來驗證、設計、執行自己的投資策略。

誠摯地推薦本書給所有想要學習科學化投資方法的人，希望讀者都能跟我一樣從中受益，在股市中體驗到科學化投資帶來的樂趣，用科學方法讓本金百倍奉還。

臺北商業大學財務金融系助理教授 王[illegible]

不會寫程式
也能進入量化交易世界

自從 2020 年 3 月 23 日台灣股市進入逐筆搓合交易的時代後，量化交易就成為市場的顯學，再加上虛擬貨幣交易在年輕世代間盛行，運用數據與策略來交易，已是數位原生代的 DNA。

要開啟股市量化交易的成長旅程，第一步就是要學習如何「選股」，第二步就是要學習如何「交易」，而後還有「自動選股＋自動交易」的成長路程可以進步，甚至往「高速自動選股交易」的境界前行。

很多人以為要做量化交易必須先會寫程式語言，其實不一定如此。在台灣已經有很多人運用嘉實資訊的 XQ 全球贏家來選股交易，裡面套裝了許多實用的策略範例可直接使用，只要你邏輯清晰，能夠組合選股因子與設定交易進出場邏輯，其實並不需要會寫程式，也能體驗量化交易的成就感。

而本書正是開啟你進入量化交易世界的起手式，書中透過實際的範例，從基本面、技術面、籌碼面等各種影響市場的因子剖析，一步步帶你組合出心目中理想的選股模式，再透過 XQ 全球贏家來進行策略回測，看看這樣的選股邏輯跟簡單交易模式，能不能如預期獲得報酬。

本書更手把手教你依據回測數據來調整因子選股，邏輯清晰的決策過程，或許能激發你在選股上的靈感。

最後，資深投資人都知道，對市場要懷有一顆敬畏的心來操作，意想不到的黑天鵝事件或突發狀況隨時可能出現，可以進退有序地處理投資部位，才是最終決定勝負的關鍵。因此交易的資金配置與風險控管，是小路的肺腑經驗談，值得你反思自己的交易策略有沒有注意到這塊，並透過長期控制風險來追求合理報酬！

永豐金證券也致力於發展量化交易的學習旅程與交易體驗，因工作的關係，因緣際會讓我在 2019 年認識小路，聊天時知悉他在那段時間，已經連續 4 年只要台股有開盤，都能看到他的盤後解析影片，我印象非常深刻且欽佩他不間斷的毅力。時至今日他一樣致力於擔任投資交易領域的 KOL，年輕卻市場資歷豐富，未來肯定繼續發光發熱！

永豐金證券投資顧問部部長

推薦序 3

讓投資有憑有據
避免情緒化干擾

小路的科學投資法，跟小哥的籌碼研究及地板股概念，都是利用量化加上回測，建立出有邏輯且系統化的策略，可以避免掉很多情緒化的干擾，避免憑感覺下單，讓投資更有依據，值得投資朋友們學習。

本書秉持「系統化選股」、「控制風險」的精神，教你用數據來解讀股市行情，讀者可以透過 3 大面向的因子篩選，找出勝率及報酬率兩者兼具的策略，同時克服人性不願停損的心魔。

對於回測領域感到陌生的投資人，書中也有手把手教學帶著讀者一步一步操作，方法淺顯易懂，適合新手。在策略優化方面，小路也提到參數孤島及參數高原的概念，告訴投資人怎樣的回測結果，才具有參考價值。

不同於市面上的財經書籍，本書可以感受到小路對科學投資的熱忱，期許他能成為年輕一代的榜樣，讓更多人明白科學投資的真諦。

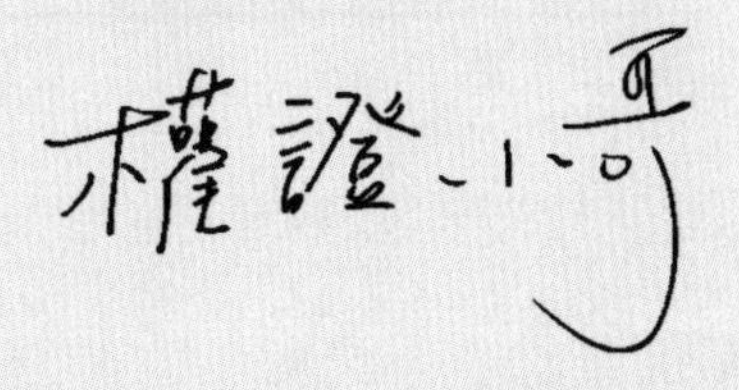

善用科學投資 克服人性弱點

我在金融市場交易、奮鬥已有 9 年的時間，從剛開始的懵懂到建立穩健交易系統，真的是經歷了長久的市場磨練與體悟。我認為最困難的除了建構策略外，應該就是面對難以對抗的人性弱點了！

在市場上待得越久，越知道人性在金融市場上的影響有多深入，尤其是每天盤後看到不少投資者積極關注新聞消息，試圖在一堆爆炸訊息中找到對股價有利的蛛絲馬跡。這時候因為手中持有部位，很可能在獲取資訊時出現主觀偏誤，僅關注利多的消息，完全忽略利空也同時存在。你必須認知到，新聞消息不能提供你穩定操作的依據，且可能會帶來毀滅性的風險。

市場上大多數短線交易者都是追求熱門股、追求當下最強勢的股票，這類型股票因為高波動而有追高疑慮，投資人很容易因為新聞消息、股價短線漲跌，完全忽略自己的選股交易策略，把自己推向情緒化操作的陷阱。面對這樣的陷阱，可以使用「量化科學交易」來破解困局，這也是本書的重點。

本書將分享我自己的人生經歷，談談我在Z世代的環境當中，如何建立自律與學習的條件，並在躺平聲浪中獨善其身，讓自己具備更強的競爭力。同時也會帶領讀者回顧我剛進入股市，是如何披荊斬棘面對挑戰，並從困境中醒悟。

透過對歷史回測的觀察，我們會發現，股市其實就是一個大型的數據資料庫！在這個數據庫當中，我們可以探究股價上漲的共通因素，也就是基本面、技術面與籌碼面的分析架構，重點是要讓數據說話、理性投資，降低新聞消息的影響。

藉由資料庫中龐大的數據歸納，可以推演出選股交易策略、驗證方法是否能在歷史行情中獲利，藉由「機器學習」概念的回測技巧，還可以驗證策略運用在未來行情的可行性，提高策略整體的有效性。

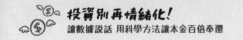

撰寫本書的目的，主要是希望透過宣揚「科學化投資」的思維，協助散戶投資者避開盲區，不再盲目相信新聞媒體的消息，反而應該關注歷史驗證的數據，掌握真正影響投資報酬率的因子，若能把自己的選股與交易策略標準化，即可有效地提高投資報酬率以及穩定性，進而挑戰長期穩定獲利的潛力。

對於剛進入股市的新手投資者來說，本書將帶你從數據角度來解讀股市，讓你拋開產業探勘、個股研究的質性思維，透過數據找到股市的正確解答。最後，感謝《Money 錢》夥伴辛苦編輯與製作，希望看過本書的你，也能夠培養量化交易的思維，掌握科學化投資的核心。

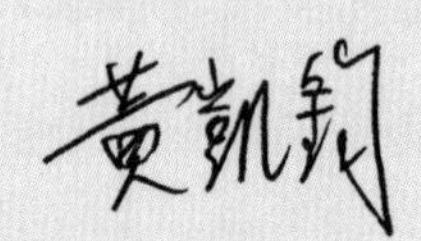

Chapter | 01

全職交易員的告白 Z世代≠全拋世代

1-1

年輕人沒錢只好「全拋」？

在2016年底，韓國年輕族群出現了「全拋世代」這樣的名詞，意義如同字面所示：20～30歲的年輕人覺得什麼都可以放棄，對於未來不抱有任何理想與期待，也沒有想法，形成一種及時行樂的氣氛，這個概念不只在韓國很盛行，短短幾年也慢慢流傳到處境雷同的台灣，人們從追求理想慢慢轉換到了追求「小確幸」的時代。

而全拋這個名詞來到台灣，變成帶有「厭世」的意味，低薪長工時、龐大的工作量、趕打卡上班，面對飆漲的物價，存錢計劃已成天方夜譚。「低薪高房價」應該是所有1980、

1990 世代後的共鳴，記得在我大學時期，當時大多數文組畢業生的起薪也就 2 萬～ 3 萬元，如果是理科畢業平均可以達到 4 萬～ 5 萬元左右，不過這樣的薪資對比日益升高的房價，依舊是非常低的薪資水準，買房幾乎已經成為了「夢想」，而非可能的「理想」。

隨著近年通貨膨脹加速，在薪資大部分已經拿去應付生活開支的狀況下，很多年輕人，包含我的同儕，都選擇「全拋」，也就是只要能支應生活，活得下去就可以了，對於人生並沒有太多規劃與追求。

拋開小確幸思維 才能過好日子

沒錯，不可諱言地說，現在的物價漲幅對照薪資的變化與成長，真的是完全失衡，如果你是租屋族，更能體會被生活壓得喘不過氣來的狀況，這些都是迫使年輕人開始轉向全拋的關鍵因素。

試想看看，扣除掉生活必需費用以後，真正能夠讓你支配的金額還剩多少？所剩無幾的金額是不是讓你產生了無力感，好像努力工作也沒辦法累積到什麼資產，更別提未來買房、買車……都是遙不可及的事，這種想法正廣泛出現在年輕人的世界。

難道我們除了全拋之外沒有其他辦法了嗎？我並不這麼認為！一直以來我都很相信一件事情：在面對龐大的生存壓力時，關鍵在於「你願意為了更好的生活犧牲多少？」

很多年輕人或許會選擇逃避，把目光聚焦在小確幸，放棄自己對理想與未來生活的規劃；但也有部分願意掙扎抵抗的年輕人，選擇在下班時間精進自己的第二能力或事業，朝著「斜槓青年」的方向前進，既然一份工作的收入沒有辦法支撐理想，那就開發第二專長、經營副業。

對我而言，到底要不要因為微薄的薪資收入與高昂物價直接躺平？一切取決於你的心態，如果你是偏向輕言放棄的朋友，我會建議你把這本書放回書架上，若沒有企圖心，這本書可能不適合你。

但如果你是面對困境會想要奮力抵抗的朋友，我相信這本書蘊藏的龐大價值，有機會為你創造更多收入，帶來更廣闊的投資眼界。

在這樣艱難的環境當中，積極心態才是面對全拋危機最好的方法，具體到底該怎麼去應付挑戰呢？以下跟大家分享我的想法。

善用下班時間 你才會與眾不同

大多數人都是朝九晚五、晚六的上班族，基本上每個人都差不多，都在為了薪水、事業努力奮鬥，差別在於下班後的時間。下班後的你可以買個晚餐，回到家中舒舒服服地追劇，用完餐後輕鬆洗個澡，躺在床上休息滑手機，這是多數上班族的日常，也是我身邊同儕最常見的生活模式。

但**想要讓你的人生獲得更多機會，就不能躺平全拋**，你可以善用下班後的時間去上課程講座、精進自己的能力，也可以去發展自己有興趣的副業。如果你的興趣是研究首飾，可以去上金工課學習技術，搭配自己的眼光與審美，就可以在線上商店開創你的第二事業，有了副業收入，你將擁有更充裕的資金來因應生活與未來挑戰。

當然，多數人對於下班後還要去做其他事情，經常感到疲勞且抗拒，但請記得，善用下班時間創造價值，這將使你與眾不同，迎向更加美好的生活。

從興趣出發 降低心理負擔

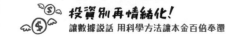

要讓自己養成積極面對困境的心態，我認為從興趣出發，可以大幅降低你的心理負擔。如果你的工作內容就是自己喜歡的項目，上班對你來說會是一個快樂、充滿熱情與活力的時間，同時也能讓你在工作上表現得更好，獲得更多升遷機會。

因此，花點時間檢視一下你的本業，是否符合自己的興趣？上班是否會過度消耗你的能量？如此在面對大環境壓力時，才能以更加健康的心態去迎接挑戰！

小路真心話

想要讓你的人生與眾不同，不想認分躺平，其實你只要比別人多堅持一些、多努力一些，每天多一點點的進步，時間長久累積起來，真的會有很大差異，好好利用複利效應，給自己一個慢慢變強的機會！

1-2

沒錢投資理財
不如當快樂月光族？

很多人看著自己每月的收入，對照一下目前的生活成本，真的會有種乾脆當個快樂月光族的心態，畢竟存錢好像也存不了多少，沒辦法真的積累資產，還會因為省東省西讓生活過得非常煎熬。

這樣的心態不能說不對，只是你會因此喪失很多機會與成長空間，不過我可以理解的是，1 個月只有 3、4 萬元的薪資，扣除生活必要開支之後，還要挪出一筆錢進行投資理財，對於很多年輕人來說不是件容易的事情。

我以同儕經驗跟大家分享：一般大學生、碩士生以文組畢業的起薪，扣除自己的生活成本（房租、水電、生活費、娛樂費、孝親費等），多數人能夠自己支配的金錢已經所剩無幾，這時候如果又多了一筆額外支出，確實是很大的壓力與負擔。

既然沒有錢來投資理財，乾脆就當個快樂的月光族不是很好嗎？沒錯，聽起來挺不錯的，這也是不少年輕朋友心中的想法，但在我看來其實非常危險。

怎麼說？你可以想想看，如果你是一個名符其實的月光族，假設今天發生了意外事件，或者是家裡突然有金錢需求，你會面臨沒有任何存款可動用的窘境。這樣的生活不僅過得心驚膽顫，也讓自己的底氣更加不足，只要目前的工作沒了，就會馬上陷入生活危機，所以**千萬別等到緊急事件發生時，才體悟到儲蓄的重要性**。

不論你的收入或支出有多少，我都會建議至少要挪出一筆錢來進行儲蓄，這是一種習慣，也是一個長期積累資產的開端，要學會對自己的資產負起責任！

扣除基本的生活費之後，剩下的錢到底應該拿來享樂，還是乖乖地執行「定期定額」投資呢？這大概是所有上班族最常遇到的問題之一。

延遲享樂 10 年後差距多大？

對我來說，關鍵在於「你願不願意延遲享樂來儲蓄與投資」，每個人的價值觀不同，有些人可能覺得每個月只剩下 5,000 元，這筆小錢直接拿去享樂比慢慢投資來得更有意義，有些人則覺得小錢累積起來也是一筆不小的資金，慢慢投資也是可以的。

每個月存少少的金額去投資，看起來很緩慢沒錯，但實際上這樣才可以真正發揮複利效果，讓你的小錢隨著時間聚沙成塔。我們來試算一些可能的儲蓄投資方案，大家更能體會小錢滾大錢的感覺。

假設我們每個月能夠挪出 5,000 元來執行定期定額投資，並以年化報酬率 7%（大約是加權指數歷史平均投資報酬率）試算，10 年過後這筆每月存款可以累積到 860,419 元，其中成本部位 60 萬元，獲利金額 26 萬 419 元，報酬率 43.4%。

雖然每個月挪出 5,000 元短期來看累積不到什麼，但是只要有耐心，並堅持投資在一個長期容易上漲的標的，你的小額資金也能慢慢滾大雪球，賺取不錯的報酬。

相較之下，每月開開心心把這 5,000 元花光光，短時間內確實可以讓你獲得一些愉悅感，帶來一些小確幸。不過長遠來看，10 年後差距是擁有一筆 86 萬元的小金庫，或是享受完小確幸之後，什麼都沒有。

每月 5,000 元定期定額 年化報酬率 7% 績效

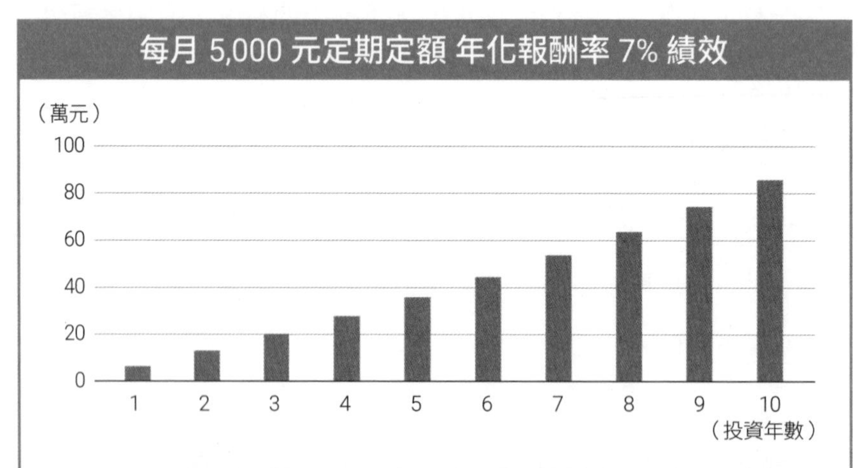

投資年數	本金	收益	最終金額
1	60,000	2,275	62,275
2	122,275	6,634	128,909
3	188,909	11,298	200,207
4	260,207	16,289	276,497
5	336,497	21,629	358,127
6	418,127	27,343	445,471
7	505,471	33,457	538,929
8	598,929	40,000	638,929
9	698,929	47,000	745,929
10	805,929	54,490	860,419

說明：每月投入 5,000 元定期定額投資，第一年的本金為 6 萬元，之後的本金再加上前一年的收益進行投資，10 年後最終金額達 86 萬 419 元，總成本為 60 萬元（5,000×12×10），獲利金額為 26 萬 419 元。

存好緊急預備金 錢再少也要投資

如果你的本業收入不高，或者是你的固定支出不少，最後1個月只能挪出3,000元的話，雖然不多，但依舊可以做一些安排，如果是我，會先選擇把「緊急預備金」存起來，再來談投資這件事。

試想一個比較常見的狀況：失業，如果突然發生失業的狀況，短時間內可能難以找到下一份工作，那麼你的生活將會陷入困頓，這時候有一筆預先儲存好的資金，絕對會是你的救命稻草。

所以建議大家先準備好緊急預備金，再來思考自己要繼續存錢還是投資。假設每個月扣除生活費後僅剩下3,000元，我

小辭典

緊急預備金

拿來應付突發事件的流動資金，這筆錢不用於投資，只能用於疾病、車禍、失業、訴訟等等狀況。如果未來發生意外或者是不可抗力的因素，導致生活上的困難，這時候你會慶幸自己有做出這筆儲蓄的決定。實際上緊急預備金就是把自己每月的生活費，儲存6～12個月份（也就是半年至1年的期間），確保自己可以應對未來不確定的意外事件。

認為可以先進行小額定期投資，雖然 3,000 元看似不多，但搭配複利慢慢累積起來，也是一筆可觀的收益喔！

小路真心話

定期定額除了能夠透過長期投資獲取一定的報酬率以外，另外一個層面是培養儲蓄、持續關心市場的習慣。因此千萬不要小看自己每個月省下來的幾千塊錢，長期累積下來會是一筆不小的金額！

1-3

全職交易員
沒有想像中好賺！

來到投資市場，相信不少人都懷有一個「全職夢」！大眾對於全職交易員的想像就是在電腦前動動滑鼠，錢就可以自動入帳的感覺，真的是這樣嗎？如果這麼簡單，還有誰會去上班？

想成為全職交易員，不只需要花費超越一般人數倍的精力，也必須培養健康理性的心態，否則常常在實際操作的階段就會萌生放棄的想法。

作為一個全職交易員，我都在做些什麼？你看過凌晨 3 點的夜色嗎？我看過，而且這是我的日常。

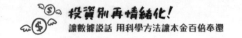

努力不一定有結果 失敗是生活日常

我還記得剛開始踏入市場，見識到投資的魅力後，我幾乎像是著了魔般地努力研究，日以繼夜地鑽研，誇張一點來說，除了睡覺吃飯以外的時間，我的心思都掛念在投資上。

投入強大的熱情，我想是成為一個全職交易員最重要的事情，畢竟一門學問、專業需要大量的時間堆砌，沒有熱情很難支撐下去，**追求全職交易本身也需要強大的心理素質，這些都不是說有就有的能力，而是需要時間與熱情來鞏固。**

要談全職交易的辛苦，必須先來分享一下我為什麼會進入全職交易的生活。我大學就讀的是教育學系，與財務金融一點關係都沒有，不過秉持著對金融的熱情，以及為了追求更好的生活品質，同時發現台灣薪資水平真的太低，所以我下定決心踏入研究交易的世界，致力成為有獨立判斷能力的交易者。

剛開始的全職交易生活，我記得很清楚，每天晚餐後都是坐在電腦前，一路研究到睡覺，這樣的狀況持續了好幾年，不分平日或假日都是這麼運作，我花費大量時間在研究「交易演算法、技術指標、策略交易、交易論文」等資料，也是在這段時間培養了我的科學交易腦袋，體認到要成為一個成熟的交易者，必須具備理性務實的交易觀點與穩定性，把策略程式化、規則化是一個必備流程。

研究過程中遇到挫折基本上是家常便飯，我常常看完一篇論文，花了數天嘗試打造類似作者概念的程式交易，最終都以失敗收場，而這還不是少數情況。準確地說，大多數的研究最後都是打水漂，花費時間卻沒有得到任何成果，這可能是一般人難以承受的過程，但做交易研究就是這樣，很多時候努力不一定有結果。

堅持、健康、心態 全職交易者不可缺

不過皇天不負苦心人，在試錯非常多次之後，努力還是有收穫，終於成功建構出符合自己想像、經得起歷史回測的交易策略，這也是我堅持不放棄的原因，但這種「折磨」，沒經歷過的人可能難以想像。

建構好策略之後，並不是就按下開始鍵等待錢從天上掉下來，你要知道的是：靠交易維生，必須考慮現金流、總體資金回測比例等風險與報酬參數，就算一個能夠上場交易的策略出現了，也不代表你可以輕鬆獲利，因為還必須檢核各式各樣的

壓力測試，以確定這個策略除了在歷史行情具備獲利機會，在面對未來不確定的世界，同樣有獲利契機。

所以擬定策略後，還必須進行樣本外回測（OOS）、蒙地卡羅測試（Monte Carlo）、滾動視窗（Rolling Window）測試，來檢驗策略效度，經過重重考驗之後，這個策略才有機會成為你操盤的獲利方程式。

通過考驗後，是否代表可以一勞永逸？以後就靠著這個策略吃香喝辣、輕鬆獲利呢？事情絕對沒有這麼簡單，你要知道的一個重點是「市場無時無刻都在改變」，而我們花費心思開發出來的策略，或許使用 1、2 季就會開始失效。

沒錯，市場變化的速度太快，也會導致策略的使用壽命縮短，該如何讓策略維持較長的壽命？答案就是越簡單、越符合邏輯的策略，通常具備更好的效度。

上述這些研究過程，都需要大量知識的積累以及清晰的邏輯思路，絕非一蹴可幾，在成為全職交易員的路上，我想提醒有相同志向的讀者，請你做好心理準備：堅持、健康與良好的心態，絕對是你在這條路上最重要的事情，現在的我回頭看，也很感謝堅持到底的自己。

樣本外回測（Out of Sample，OOS）

把歷史行情資料切分成兩塊後，先利用第一塊資料進行策略開發（訓練模型），當策略開發到一段落，有不錯的歷史績效表現後，再把交易策略用第二塊的歷史資料測試。相對於第一塊資料，第二塊資料對這個策略來說，就如同未來數據（從未發生過、訓練過的資料），可以驗證該策略面對未來不確定行情的效度。

蒙地卡羅測試（Monte Carlo Test）

蒙地卡羅是以機率為基礎的一種統計方式，主要是基於大數法則的實證方法，當實驗的次數越多，它的平均值也就越趨近於理論值。我們可以透過蒙地卡羅測試隨機行情的狀況下，策略是否能夠有平均較好的正報酬，同時也檢視自身策略，在面對歷史上從未出現過的行情時，抵抗（獲利）能力好不好。

滾動視窗（Rolling Window）

策略開發完畢後，可以進行「不同起始點與不同結束點」的測試，用來了解策略對於時間架構的敏感度。簡單來講，因為股市隨時在變動，因此需要針對不同時間進行測試、觀察，以了解擬定出來的策略，在不同行情中可能出現的投資結果。舉例來說，可以測試策略在 1 ～ 6 月的歷史行情績效，接下來可以測試 2 月～ 7 月、3 月～ 8 月的歷史行情績效等，檢核策略對於時間是否敏感。

真正獲利的投資 來自少數幾筆大賺交易

「你覺得什麼叫穩定獲利？」這是我在外演講時最喜歡問同學的問題，或是說大多數投資朋友喜歡跟我聊的一個話題。

有人說月入 5 萬元，有人說每一季都有賺錢，也有人說每個月都是正收入就可以了。大家對於穩定獲利的想像與觀點不盡相同，其實也沒有一個對錯，只是認知不太相同罷了。

那對我來說呢？我覺得穩定獲利這件事情會建構在「你是怎麼看待投資這件事」，如果你把它當作是打工，那每個月的固定收入就是你的期待；如果你把它當作是一種創業，那麼最終的收益才會是你的關注焦點。

我常常遇到同學追求的穩定獲利是「每個月穩定收入 5 萬元」，說真的除了去工作以外，並沒有什麼樣的交易模式，可以讓你穩定月入一定的金額，因為從本質上看投資這件事，本來就沒有一個固定的收入模式，如果你去看高手交易的對帳單，可以發現真正有不錯獲利的，其實都是少數幾筆大賺的訂單，而不是每一筆交易都有獲利。

更清楚地說：**投資收益本身就不是一個均勻的分配，而是某幾筆獲利的交易，讓你的投資報酬率有明顯成長**。

舉例來說，像是股神巴菲特的投資，我想這應該是眾所皆知，巴菲特近年來大幅度購入蘋果（Apple）股票，帶動整體投資報酬率大幅提升，其餘個股表現都沒有蘋果這麼亮眼，也因此讓波克夏（巴菲特的投資控股公司）整體收益大幅提升。

那麼，巴菲特遇到空頭市場的時候還有龐大投資收益嗎？當然也是沒有的，巴菲特手中的股票也會隨著市場走空一起下跌，因此著眼點並不是「這個月、這一季可以賺多少」這樣的想法，而是長期來看能否獲得好的報酬。

不用關注短期勝率 長期報酬才重要

談到獲利的部分，相信不少投資人非常關注在勝率上。其實長期來看，勝率只要有 40% ～ 50%，並且搭配良好的損益比，長期下來就能獲得正報酬，而大多數人追求極高勝率（勝率高達 70% ～ 80% 以上）的結果，多半都會是「小賺大賠」，賺個 3% ～ 5% 就獲利出場，虧損到 20% ～ 30% 還不願意認賠！

這種做法對於中長期的獲利累積其實非常不利，因為你永遠無法利用一些比較大的報酬，來彌補其他虧損的交易。所以當個全職交易者，要對勝率有合理的預期，同時明白投資的背後邏輯，才能鞏固長期獲利的信心。

我認為投資是一種創業思維，既然是創業的角度來看待投資，我就不會去追求每月穩定數字的獲利（股票、創業等都是時機財，無法預設每月有非常穩定、固定的收入），而是透過機械化策略的方式去合理預期，每一年大概可能會有多少可能的獲利區間。

此外，每年的實際狀況都不相同，遇到大空頭行情時，以股票來說就容易出現虧損的狀況；遇到大多頭行情，自然就會有高額收益，只要經過多空循環的洗禮，能夠活下來並且創造出一定獲利（能夠打敗大盤當然更好），我認為就算是達到穩定獲利的狀況了。

因此，想知道自己有沒有辦法挑戰「全職交易者」這個工作？你可以打開最近的對帳單，如果面對多頭有很好的斬獲，面對空頭市場也有一定水平的獲利，那麼恭喜你，已經具備挑戰全職交易的資格了。

小路真心話

對於一個專業的投資交易者來說，你必須大量學習，包含策略、資金控管與交易心態。其中交易心態更是成功與否的關鍵，因此想要在市場上存活下來，我認為理性、客觀看待市場，學會不情緒化很重要。

1-4

做好投資這門課
先檢視財務狀況

一個念教育相關科系的人，怎麼會想進入與自己所學完全沒有關係的金融市場呢？一切的故事還要從大學時期的一堂通識課程說起，這堂課改變了我的人生。

職場生存學：改變人生的一堂課程

由魏郁禎教授開設的「職場生存學」課程，在我們學校非常出名，是學長姊都強烈推薦的一門課程，但推薦並不是因為課程輕鬆，而是內容涵蓋對職場與社會現實相當紮實的認知。儘管老師對於課程要求相當嚴格，但可以從中學到很多事情，因此課程選課階段幾乎都是「秒殺」，甚至還有數十人旁聽，課程非常之夯。

老師透過課程設計，包含模擬人生桌遊、現金流桌遊等方式，讓同學快速了解一生中可能會遇到的難題，像是意外支出與時間支配等，另外也有模擬的股市行情，讓你知道投資理財也是一項重要的人生課題。

為了更貼近職場的實際狀況，第一堂課老師就給每位同學發了一張打卡紙，還準備了一台打卡機，後續上課要準時排隊打卡，如果連續兩堂課遲到，就不需要進教室了，這種模擬職場對於一個大一新鮮人來說，真是場震撼教育！

我印象很深刻的是，這堂課程有一個「每月支出體驗」的內容，老師整理了多數人每月、每年都需要支出的項目，並在課堂上討論，我看著老師發下來的紙張，上面寫著洋洋灑灑的數十項支出項目，頓時有些驚慌……

我知道出社會後的必要支出很多，但我從沒想過會這麼多，小則「生活費、交通費、娛樂費、通信費」等，大則「孝親費、車貸、房貸、保險費」等。

這時候我快速查詢了一下國小教師的月薪（因為我是念教

育科系），再回過頭來估算上述這些費用1個月大概要花多少，發現兩者相較之下有一定的差距，也是從那時候開始，我就默默種下「必須想辦法開源」的想法。

梳理財務狀況 認識資產與負債

那段時間我下載記帳App，讓我更清楚了解自己的收支狀況，從日常生活費用、交通費、娛樂費到手機通訊費、水電費等都如實記錄，大概了解1個月的生活成本落在哪個區間，這對於準備「緊急預備金」以及「預估每月可支配金額」有很大的幫助，**我強烈建議一定要先把自己的財務收支搞清楚，你才會更加認識自己，做更多妥善的安排**。

與此同時，還需要學習基本的財務知識，對於「資產」與「負債」要有清楚認知。舉個例子來說，你分期付款買了1支蘋果手機，這支手機對你來說是資產還是負債？又或是說當你貸款買了1台汽車，這台汽車是屬於資產還是負債呢？

基本上，資產和負債在「會計報表」以及「自我價值認定」上會有一定的差異，在會計上，你分期購買的蘋果手機會是一項負債，畢竟你需要每個月都支付這筆費用，但對於你的日常

資產

持有的部位如果是資產，它會為你帶來增值或者是正向的現金流，例如：租金收入、利息、分紅等。

負債

持有的部位如果是負債，它會帶給你負向的現金流，例如：貸款、利息、卡債等。

生活來說，它會是一個重要的資產。那麼哪一種才是正確的？站在錢包的立場，當然持續性的支出就是負債。

正在閱讀本書的你，是否深入了解過自己的財務狀況呢？有沒有檢查過自己會計上的支出與負債狀況？事不宜遲，拿出手機開始記錄自己在一段時間的收支狀況，同時整理一下手邊每月訂閱、分期付款等支出的帳單，這是你釐清可用投資資金的第一步！

股市能賺快錢
創造第二份收入

受到「職場生存學」這堂課的洗禮之後，我的世界觀點與職涯規劃出現了巨大轉變。對於「教育」，我依舊充滿熱忱，但更需要迫切解決的是，如何讓我的收入足以支撐未來的生活所需，因此從大一開始，我就積極地自學投資理財的知識。

這件事情對一個讀教育大學的學生來說並不簡單，因為學校並沒有什麼投資課程可以學習，所以更多是依賴自律學習，以及對外找尋相關資源的動力。如果你也和以前的我一樣，是對投資理財完全沒概念的新手，可以利用以下 2 種方式開始自學。

方法① ｜ 用小錢買書 學到大經驗

我本身很喜歡閱讀帶給我的學習體驗，只需要花費少少的幾百元，就可以換到作者經年累月的經歷與提醒，是世界上最超值的投資之一。因此課餘時間我總愛往誠品書店跑，翻翻找找適合的財經書籍來閱讀，若是我可以在當下就吸收的內容，就會在書店內快速閱覽，如果遇到我認為很有價值、想要深入學習的書籍，就會把它買回家研讀。

第一本書《K 線日記》可以說是我的啟蒙書籍，原因並不是內容有多優異、知識多有價值，而是它帶給我研究股市的熱情。這本書在講解技術分析時，只是透過簡單的技術指標交叉，就可以帶來豐碩的報酬，讓我心生嚮往。

從那時起，我開始瘋狂鑽入技術分析的領域，各種相關書籍幾乎都看過，技術分析可以說是我的股市啟蒙老師。

方法② ｜ 先建立基礎 善用網路資源

在這個資訊爆炸的時代，最快取得資訊的方法就是網路，因此我透過 Google 關鍵字搜尋，找了很多的網路資源，包含文章、課程等。

現在回憶起來，第一次接觸到我很喜歡也覺得受用無窮的網路資源就是「CMoney 投資地圖」，現在還是可以在「投資小學堂 App」當中找到一樣的內容。

透過學習履歷的概念，投資人能夠一步一步學習各種領域的分析，文章言簡意賅，對於新手入門來說已經非常夠用。當我把地圖上的板塊學習內容都研究一遍後，不敢說對投資完全深入了解，但是基本的分析面向及核心概要，已經相當明瞭。

不過就我自己的經驗來說，網路資源更多是雜亂無章、沒有邏輯的分散式學習，因此透過網路資源學習或是利用學習地圖，這個方法比較適合已經有點基礎、逐漸熟悉該領域脈絡後再來執行，會比較有效率。

從小額開始投資 做錯也賠得少

「大學畢業賺到一桶金，怎麼可能？」這聽起來很夢幻，實際上到底有沒有可能達成？我可以跟大家說，絕對是有可能的！

開始投資之前一定要有一筆本金，我的起始本金是從天上掉下來的嗎？難道我是富二代嗎？當然不是，我來自一個很普通的家庭，投資本金也必須靠自己賺取，那麼我是怎麼累積本金的呢？

首先，大學生在就學期間，其實都可以挪出部分時間來打工與兼職，實際上我也建議大學生應該要提早步入社會，不論是工作經驗或者思考、看待事情的邏輯，都是在學校學不到的知識，也是你未來接軌社會的基本常識，所以花點時間了解社會的運作邏輯，對於未來很有幫助。

因為我是就讀教育學系，自然地把打工兼職的目標，鎖定在薪資相對高的「家教、補習班」，這個行業本身也是我的興趣，能在自己興趣之中賺到錢，是一件很幸福的事情。我本身也喜歡享受舞台、與人互動，因此當家教對我來說如魚得水。

當時的時薪從 400 元到 1,000 元不等（依據經驗、學歷、人脈等資源而定），一週的排課時間只要有一定數量，累積起來的總收入也非常可觀。只要你肯努力一點，週六、週日也安排課程教學的話，一個月賺取 4 萬～ 5 萬元基本上是可能的，這也是我當時的薪資收入水準（但損失的就是課業成績啦，這部分就要依據自己的價值觀來衡量）。

當時的生活很單純也很充實：上學、課後教書、其餘時間學習投資，每個月的薪資收入，我都會把大部分存下來，作為後續進場投資的第一筆本金。

這邊要特別強調的是，**不需要存到一筆真正較大的金額才開始進場，在一邊累積資金的過程中，就可以用小額資金投入**，優點有 2 個：

❶小額資金投入，做錯投資的成本相對較小，畢竟沒有投入多少錢，就算賠掉了，還是可以從中學習經驗。

❷小額資金投入較不會影響到本業（工作或課業），能夠減少投資上的壓力。

我記得很清楚，當時我第一筆存入的本金是「13 萬元」，就是從這 13 萬開始了我的投資生涯，踏上前往交易者世界的道路上。大家都說來金融市場肯定是要繳學費的，有些人是繳學雜費，有些人繳的錢多到都可以開一間學校了！因此學費肯

小路真心話 1

想要進入投資市場，還是需要一定的小額本金，但是千萬不要因為學習投資而荒廢自己的本業，在投資初期，本業工作的穩定收入，是你持續投入股市的重要支撐喔！

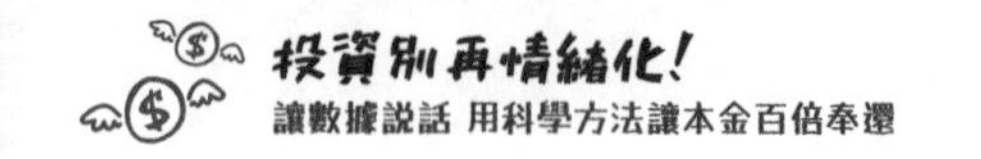

定要繳，繳多繳少取決於你用什麼心態與學習管道去應對。

精進投資技巧 加快資產累積

剛進入市場的「新手運」也降落在我身上，人生中第一檔買的股票就是華亞科，相信年輕一點的讀者應該聽都沒聽過，因為這檔個股已經下市了！人生中第一檔買進的個股就下市，實在是很適合當作經驗供大家參考，為什麼我稱之為「新手運」呢？因為下市的原因並非公司經營不善，而是「被溢價併購下市」。

這是什麼意思？也就是說當時股價僅 20 元初，有其他企業宣布將以 30 元收購該公司所有股權，並且執行下市作業，這種超出市場市價的併購方式，稱之為溢價併購。而我當時就是在 22、23 元開始買入華亞科，且幾乎是重押的狀況，畢竟只有 13 萬元本金，隨便買都是重押。

在併購消息公布以前，我當然不知道會有這樣的狀況發生，只是當時在網路上逛投資社團、PTT 的時候，看到非常多人討論這間公司，不少討論都暗示會有好事發生，對於一個新手投資者來說，消息面經常是你參考的依據，對年少的我當然也是，因此當下就決定進場買進這檔個股。

併購消息一出，股價連續出現漲停板，一路漲到 30 元附近的溢價收購價格，對於第一次踏入股市的新手來說，這樣的波動給了我十足的震撼教育。

因為我在短短幾天就賺到數萬元的收入，幾乎超越了我 1 個月的打工收入，沒想到股市真的會有這種快速賺錢的機會。也因為這樣的賺錢體驗，讓我對於股市更加具備信心與企圖心，暗自在心裡告訴自己：我一定要吃這行飯！

事件回顧

華亞科（3474，已下市）成立於 2003 年，主要由南科（隸屬台塑集團）及英飛凌共同設立，藉由與英飛凌合作，籌建 12 吋晶圓廠，並取得技術夥伴奇夢達授權而投入 DRAM 生產。

2008 年 10 月，美光以 4 億美元收購奇夢達持有的華亞科全數股權，後續華亞科改由南亞科與 DRAM 大廠美光共同合資，主要提供標準型 DRAM 晶圓代工服務。

2015 年 12 月，美光以 476 億元取得南亞科持有的華亞科 24.2% 股權，每股購併價格為 30 元，華亞科成為美光 100% 持股的子公司，交易完成後自證交所下市。

Chapter | 02

用科學方法
把投資變無聊

2-1 投資方法太多 沒有必勝祕笈

2-2 寶庫在眼前 用大數據找獲利方程式

2-3 透過歷史驗證 看見科學投資魅力

2-4 股市消息滿天飛 如何正確判讀資訊？

2-1

投資方法太多 沒有必勝祕笈

剛進入市場的前幾年，我花費不少時間摸索各種投資學派的理念與方法，經歷過基本面財報分析，鑽研公司的財務數據找出端倪，或是透過財務比率捕捉獲利爆發潛力股，也嘗試透過技術線圖研究各式各樣的指標與型態，從中找出歷史上經過歸納後的交易訊號與技巧，當然也曾鑽研籌碼分析，試圖從法人進出與分點券商買賣超的數據當中，發現大咖資金提前卡位的跡象，藉此跟上車。

上述不僅是我個人的經歷，我相信不少投資人也有類似經驗，實際上如果你有鑽研過每一個領域的分析方法，就會發現每種面向都有它的缺點與盲點，換句話說，單獨使用一種面向的分析，容易會有錯誤、誤判的情勢出現。

舉個簡單的例子來說，當你透過基本面分析找到一檔業績、營收都很亮眼的個股時，相信投資人都會忍不住多看這檔個股幾眼，甚至把它加入口袋名單，隨時準備買進。

但實際上你可能沒有注意到「市場價格是否早已反應基本面數字」，當股價已經處在相對高檔的位置時，或許「現在」的價格就是基於投資者對於「未來」的期待，那麼現在財報繳出亮眼的成績單，股價還會上漲嗎？還是會是以利多出盡的方式開始下跌呢？

找到適合方法 才能創造穩定獲利

這件事情在市場上屢見不鮮，常常看到許多個股飆漲數倍之後，持續繳出亮眼成績單，而股價開始拐頭向下跌的時候，業績依然亮眼，但股價就是跌給你看，直到出現腰斬的狀況，你才會發現營收開始下滑了，因為市場反應的是「未來預期」，這就是基本面投資者常常遇到的困境。

不過這種情況，其實可以透過相對位階與股價的技術線圖來協助分析，也就是結合基本面與技術面來綜合判斷，當你看到一檔個股業績明明很亮眼、營收持續創新高，股價卻出現均線空頭排列的訊號時，就代表「已經反應完利多」的可能性大大增加，投資者可以提早避開股價大跌或腰斬的風險。

上述例子只是冰山一角，如果你在市場投資交易 1、2 年以上，相信會遇到更多諸如此類的盲區事件，這會讓你對每個面向分析的效用產生質疑。實際上你可能會有 3 ～ 5 年的時間在這個圈子兜兜轉轉，一下子以基本面作為投資策略，偶爾又以籌碼面為主，有時候看均線，有時候看指標，因為你始終無法得出結論，到底哪一種分析面向才對你有幫助？

正因為投資方法太多、分析邏輯多元，我認為在金融市場上，沒有所謂單一面向的必勝祕笈！也很少見到透過一種面向分析，就能夠創造長期報酬的投資者，如果有，那個人或許就是股神巴菲特。

但你我都知道，世界上只有一個巴菲特，那是一個股神等級的人物。對於投資大眾來說，我認為可以結合多面向的分析，來提升交易成功率，不僅更有機會創造報酬，同時也是比較實際且可行的方案。

因此，你必須創造屬於你自己的方法，而這個方法要符合你對投資的想像，符合你對獲利的預期。你對市場與這個世界的理解，將影響你的操作方式與分析邏輯。

小路眞心話

剛進入股票市場時，我也像大多數的投資者，試圖找到投資的聖杯，每一個方法都想要去摸索，每一個流傳的厲害策略我都想嘗試！不過到最後才發現，真正適合自己的策略，還是要根據自己的習慣與對市場的認識去建構，才會符合你的交易心態。

寶庫在眼前
用大數據找獲利方程式

你對投資市場的認識，取決於你從中找到什麼契機，這是我在市場上相信的事情，說穿了就是思維變現，我蠻喜歡一句話：「你永遠無法賺到你認知範圍外的錢」，實際上也是如此，因此多學習絕對沒有損失，要持續擴大你的知識與經驗。

對我來說，金融市場本身就是一個龐大的資料庫，內容多元且複雜，同時又具備一定的共通特質，尤其是買賣的歷史交易數據，是市場上真金白銀投入的結果，也是人性在場上最真實的展現，只要人性不改變，我認為我們始終能夠從資料庫中找到市場慣性因子，藉此來規劃我們的投資策略。

我記得有一次去大學演講，台下的學生進行提問：「老師，如果要把投資交易跟學校的學科結合在一起，會建議我們鑽研哪一門學科領域呢？」

當時我聽到這個問題，就在思考市場大眾對於投資的理解，到底是會計學、財務管理還是經濟學？我給予學生一個建議：「去讀統計學，金融市場本身就是一個大數據資料庫，學習分析解讀數據，對投資理財非常有幫助。」

思考一下，現在的時代我們都強調使用 AI、機器學習等科學方式，試圖找出最佳答案，在這之前我們還經歷過大數據時代，沒有大數據，機器要怎麼學習？沒有大數據我們又該如何判斷一件事情的機率高低呢？

大多數投資人沒有相關的科學投資背景，都會先以自己主觀的基本面、技術面、籌碼面作為分析主軸。舉例來說，看到一檔個股的營收表現不錯、獲利持續成長，又看到均線開始黃金交叉向上，股價要突破了，籌碼又有投信、外資持續加碼，看起來都有利於股價的上漲，對吧？實際上這裡存在幾個問題，以下一一來探討。

小辭典

基本面分析

透過公司財務報表、營收數據等，評斷公司營運現況以及未來展望。

技術面分析

透過技術線圖分析行情，從價格、成交量之間的關係判斷交易機會。

籌碼面分析

透過法人買賣超與單一分點買賣超數據，觀察市場資金流向。

問題① ｜ 只看亮點 每次都有好消息

很多人看基本面時，今天看月營收、明天看的是 EPS（每股盈餘）、後天看的是毛利率，每一次都「只挑亮點」來看，當然會覺得每間公司都是好公司，都很有潛力，這種選股方法不固定且相對浮動。

當投資人在市場上找投資標的時，一定會先關注某部分特別有亮點的股票，以是方（6561）為例，投資人可以發現它的營收每年維持成長，就認為是一間不錯的公司，而實際上你可能沒有注意到它的其他數據。

以 2022 年的籌碼分布狀況來看，儘管營收維持增長，可

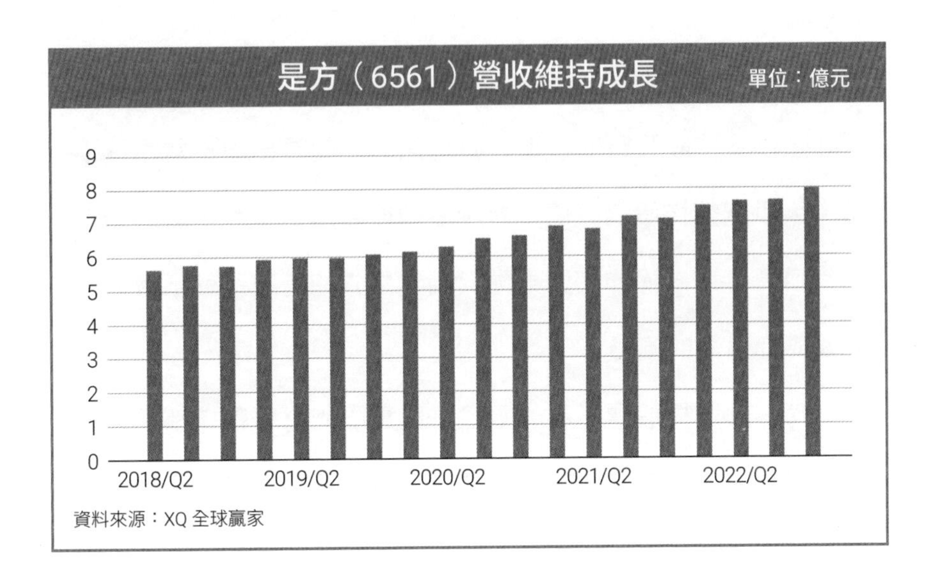

是方（6561）營收維持成長

資料來源：XQ 全球贏家

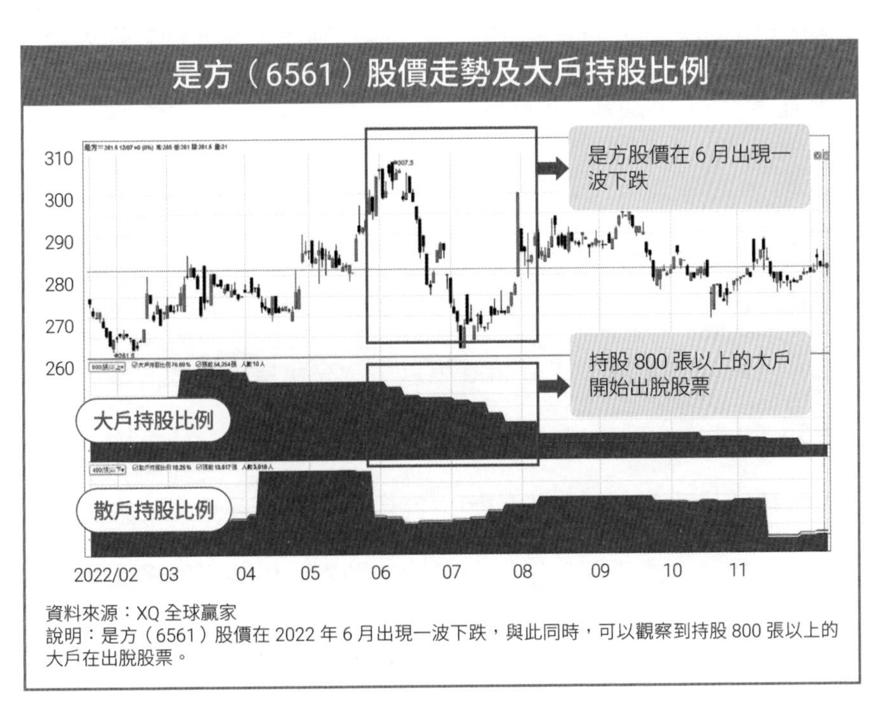

是方（6561）股價走勢及大戶持股比例

資料來源：XQ 全球贏家
說明：是方（6561）股價在 2022 年 6 月出現一波下跌，與此同時，可以觀察到持股 800 張以上的大戶在出脫股票。

以發現持有 800 張是方股票的大戶持股比率出現下降，反而是 400 張以下持股張數的投資人有增加，也就是出現一些籌碼潰散、大戶調整持股的疑慮，對於股價後續漲勢來說，就必須提防大戶資金逆向操作。如果你只關注是方的營收，就不會注意到籌碼面潛藏的風險。

每一次選擇股票時看的數據，與實際的財報數據都不盡相同，容易陷入倖存者偏差的疑慮，也就是僅關注該檔個股好的地方，而不好的地方都視而不見。再以智邦（2345）為例，投資人可能因為智邦具備很好的 EPS 成長動能，因此把它列入投資清單。

同樣以籌碼面來觀察，持有智邦 800 張股票以上的大戶持股比率在 2022 年出現下滑，反而是更小規模的 200 張大戶持股比率出現上升，代表大戶（持有 800 張以上）把股票拋售，由相對較小的大戶（持有 200 張以下）來承接，導致股價出現波動。

這時候我們必須警惕的是：為什麼掌握更多資金的大股東要拋售持股？是否因為掌握更多資訊預判股價將下跌？如果你只關注 EPS 的面向，可能就會忽略未來潛在的風險。

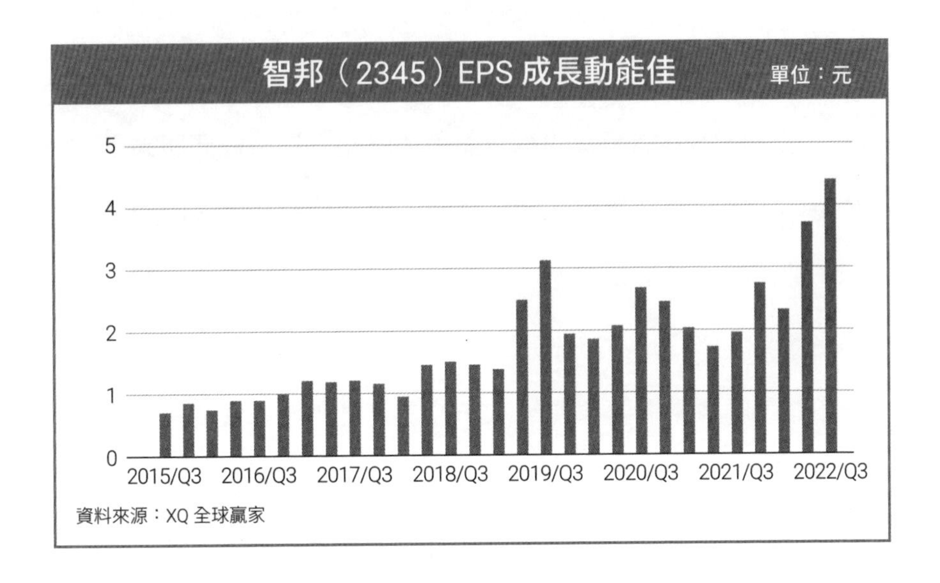

智邦（2345）EPS 成長動能佳

資料來源：XQ 全球贏家

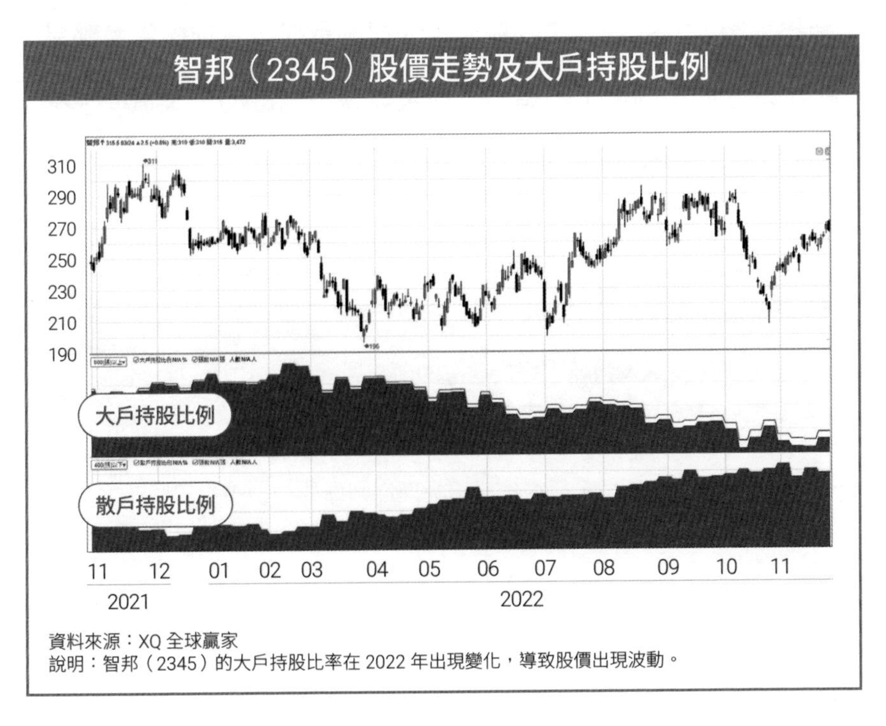

智邦（2345）股價走勢及大戶持股比例

資料來源：XQ 全球贏家
說明：智邦（2345）的大戶持股比率在 2022 年出現變化，導致股價出現波動。

問題② ｜ 憑感覺判斷 沒有一致標準

當你認為一檔股票的基本面表現不錯，這時候問題來了，什麼叫「不錯」？是雙位數成長叫不錯？還是比去年同期成長叫不錯？在沒有清楚定義「不錯」以前，都容易過度主觀。像是台積電（2330）的 EPS 表現「穩定成長」，這樣就算基本面不錯了嗎？還是要像長榮（2603）這樣「爆發性成長」才算不錯呢？

當你沒有辦法明確定義什麼叫做「基本面不錯」時，就是憑藉主觀上的感覺，來評斷一家公司的數據，若你經常會輕易說出基本面「好像」不錯時，代表你缺少明確的選股標準，操作邏輯不夠理性。

小路真心話

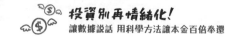

每一個投資人判斷「好公司」的邏輯與觀點都不太一樣，但多半是以直覺、新聞消息來判斷公司的優劣。未經系統化邏輯辨識的最大缺點，就是每一間公司看起來都像好公司，因為總是能找到相對亮點的地方，最後你會喪失理性判斷的能力！

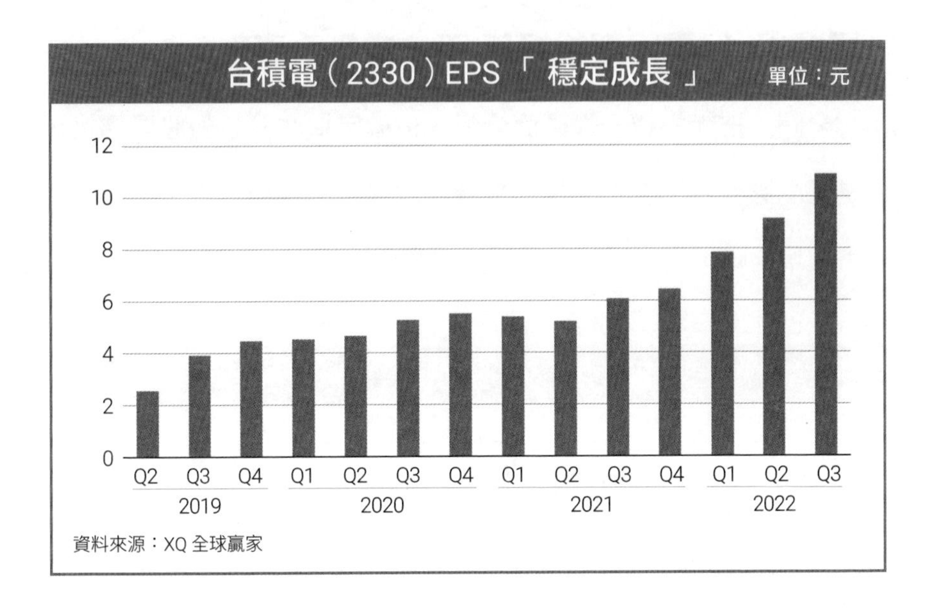
台積電（2330）EPS「 穩定成長 」
單位：元
12
10
8
6
4
2
0
Q2 Q3 Q4 Q1 Q2 Q3 Q4 Q1 Q2 Q3 Q4 Q1 Q2 Q3
2019
2020
2021
2022
資料來源：XQ 全球贏家

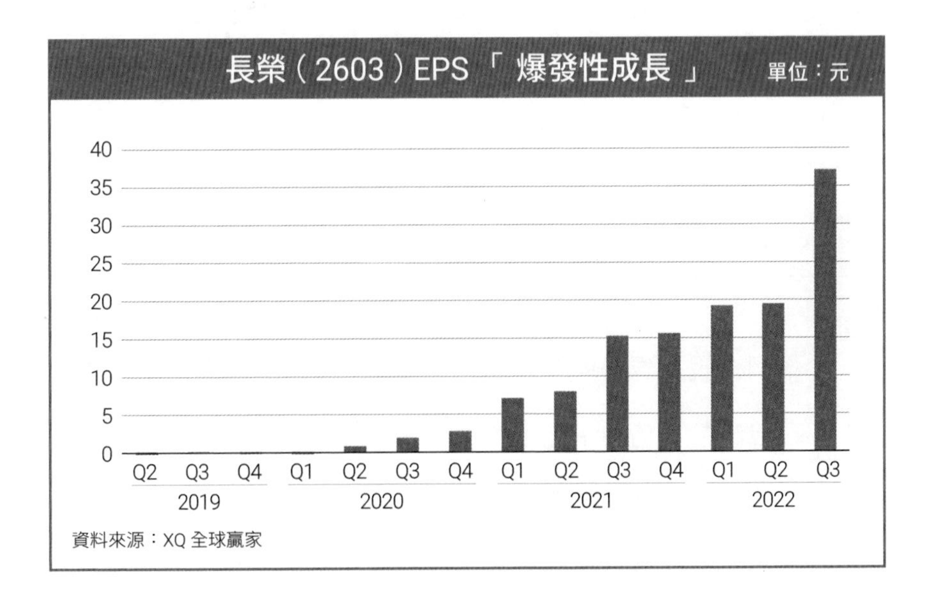
長榮（2603）EPS「 爆發性成長 」
單位：元
40
35
30
25
20
15
10
5
0
Q2 Q3 Q4 Q1 Q2 Q3 Q4 Q1 Q2 Q3 Q4 Q1 Q2 Q3
2019
2020
2021
2022
資料來源：XQ 全球贏家

問題③ ｜ 專家都說好用 不一定符合事實

關於技術指標及籌碼面分析，你確定這些分析對股票價格是正向影響嗎？還是只是你根據教課書上的內容，直接囫圇吞棗照單全收，從來就沒有質疑過真實性呢？

台積電（2330）股價走勢與 KD 指標

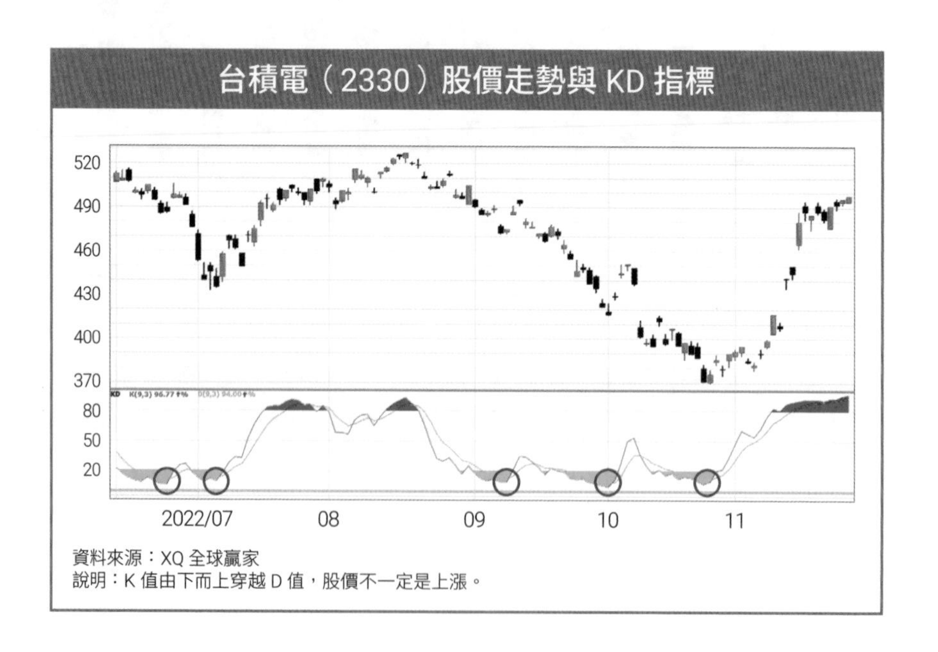

資料來源：XQ 全球贏家
說明：K 值由下而上穿越 D 值，股價不一定是上漲。

舉例來說，像是股市投資人非常喜歡的 KD 指標，教科書上都跟我們說 K 值由下而上穿越 D 值（黃金交叉）就是一個買進訊號，但真的是這樣嗎？我以台積電（2330）為例，可以發現黃金交叉並非是真正優異的買進訊號，有時準確，有時候不太準確，並沒有一個絕對的慣性，因此你也不確定長期來看，KD 指標是否真的有辦法提升投資人獲利的能力。

到最後你會發現，沒有系統化的分析與邏輯建構，會造成很大的問題，很多股市眾說紛紜導致的主觀意識，實際上對於投資不一定有幫助，反而會干擾你的投資思路，造成更大的困擾。

我建議大家思考一個問題，你在學習投資的時候，是不是都根據歷史數據與經驗來鑽研？這會導致各種面向的盲點，容易有認知偏誤，或是倖存者偏差的疑慮存在，例如堅信 KD 指標單純交叉操作就可以獲利，實際上可能只是這檔個股剛好在盤整。

小辭典

倖存者偏差

二戰期間，美國軍方為加強軍機防護，統計倖存飛機上的彈痕分布區域，決定彈痕哪裡多，就加強那些部位的防禦作業，不過有專家指出盲點，認為更應該注意的是彈痕少的部位，因為這些部位受到重創的飛機，實際上是已經被擊落、飛不回的飛機，但這些重點的資訊卻被忽略了。

倖存者偏差指的就是進行數據分析時，因為樣本中只包含了生存下來的個體，因此會忽略掉某些關鍵數據，導致結論出現偏差。也就是說，因為沒有看到失敗的例子，所以對成功的原因或特徵產生了錯誤的認知或評估。

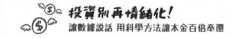

善用前人經驗 投資少走冤枉路

想要避開這些盲區，你得這麼思考：既然都向歷史借鑒了，為什麼不使用更加科學、理性的方式來讓數據說話。你說 KD 指標真的有用嗎？寫個程式就知道；營收真的會影響投資報酬率嗎？回測一下做個對比就知道。很多你在股市聽到的「都市傳說」，寫個程式回測一下，結果都無所遁形，策略回測最終都會告訴你一個結論。

所以，真正想要鑽研投資領域的朋友，必須先認同一件事情：金融市場本身就是一個龐大的數據庫，裡面記載著價格、成交量、公司財務報表、財務比率、籌碼等眾多數據，利用這些數據，我們可以透過程式化或者是觀察慣性的方式，找到一些市場上會出現的共性。

這些共性背後的基礎，就是你對於市場的理解，也可以說是市場的共識。舉個例子來說，你很少會看到一間公司基本面非常亮眼，但股價卻動也不動躺在地板上，因為市場總會有人發現好公司的價值，進而去推升股價，增加這檔股票的曝光度。因此長期來看，擁有強悍基本面的公司股價，通常都不會寂寞，這個就是觀察歷史慣性後可以得出的共性。

在資料庫內做迴歸分析也可以得到這個結論，因此從大數據當中發現機會與慣性，是一個制定投資策略的絕佳方案。在金融市場這個資料庫中，你可以簡單分類成「基本面數據」、「技術面數據」與「籌碼面數據」，這是市場最常見的邏輯推演與分類，有了龐大且具備價值的數據庫，你就能從數據當中找到結論。

有些人把投資當作是一種藝術，而我則當作是一門科學，因為我們可以善用很多科學方法找到實質證據，證明某些因子確實對長期投資報酬率具有顯著影響，正如同巴菲特喜歡看 ROE（股東權益報酬率），背後的邏輯是，公司到底能夠為客戶創造多少回報，而高回報的公司通常都會有不錯的股價表現，這件事情是有量化數據可以證實，那巴菲特有沒有參考科學數據呢？我想多多少少也會，但他更重視的是商業模式。

真正影響投資報酬率的因子都藏在資料庫當中，你可以從中找到很多市場上不為人知的秘密！

對於尚未經歷過科學投資的讀者來說，相信看到這裡，已經對科學投資慢慢有些認識，甚至燃起了濃厚的興趣，但實際上到底該怎麼做到科學化投資呢？這時候就需要設立一套理性、科學且經得起驗證的投資策略，再把這樣的策略丟回到歷史數據，進行績效驗證，如果績效表現不錯，在歷史行情中確實有獲利的潛力，就可以證實你的投資邏輯與方法基本上是穩定的！

小路真心話

在建構策略之前，必須先認識股市分析的面向，包括哪些指標及因子會對股票產生正期望值的報酬率，才能更加清楚應該把重點鎖定在哪些領域，慢慢從基本面、技術面、籌碼面建構出屬於你自己的選股策略。之後再搭配簡單的買賣交易訊號，就可以形成一套交易策略，我將在第 3 章跟讀者們做更進一步的說明。

透過歷史驗證
看見科學投資魅力

既然我們把股市資訊當作是一個龐大的數據庫，那麼投資就會昇華成一種「科學研究」，聽起來很高級對吧？實際上也確實如此，在我就讀財務金融研究所的時期，對於科學投資有更深入的理解，在此也感謝我的恩師，帶領我學習優化策略的統計學演算法。

在金融市場，我們常常聽到「突破、創新高」這樣的技術面交易訊號，我們經常對這件事情深信不疑，認為這樣的交易邏輯就是正確的，但你有沒有想過，長期來看「突破交易」真的是一個具備正報酬的操作方式嗎？

這時候就會有一派人跳出來，舉例幾檔「成功」的個股來示範：「你看，突破後就一路往上走高了，所以這個方法本身就是有效的！」也會有另外一派人跳出來質疑：「這樣的操作只是運氣好，剛好出現利多推升股價」，認為這只是偶然的績效。

上述內容我相信你在市場上一定常常遇到，因為大多數投資人喜歡針對「單一事件」過度評論與解讀，但你要知道「壞掉的時鐘一天也會準兩次」，所以到底這個交易邏輯是真實可用，還是似是而非，在科學交易的世界當中，這件事情是有結論的。

進行科學驗證 讓數據說話

市場充滿大量數據，除了記錄市場的歷史以外，也提供了龐大資訊供我們參考與研究。市場背後的操作者畢竟還是人（或者是人開發的演算法），只要人性不改變，背後的思維與行為模式都值得思考與研究。

因此，面對「創新高是否有效」這樣的問題，我會利用科學化的數據去做結論。下面就以我慣用的方法和大家分享，如何用科學方法建立投資思維。

科學驗證 A ▸ 創新高是否能帶來獲利？

- 回測期間：2016/1/1 ～ 2022/9/8
- 回測標的物：全上市櫃普通股
- 回測交易條件：收盤價創下 100 日新高，且於隔日開盤價買進
- 停利與停損：各設置 10%
- 交易成本：手續費來回共 0.4%

總交易次數	20,326	勝率	54.67%
獲利次數	11,112	虧損次數	9,214
總報酬率	108.84%	平均報酬率	0.01%
最大獲利率	20.54%	最大虧損率	–19.31%
最大連續獲利率	9.43%	最大連續虧損率	–17.98%
最大區間獲利率	131.72%	最大區間虧損率	–21.81%

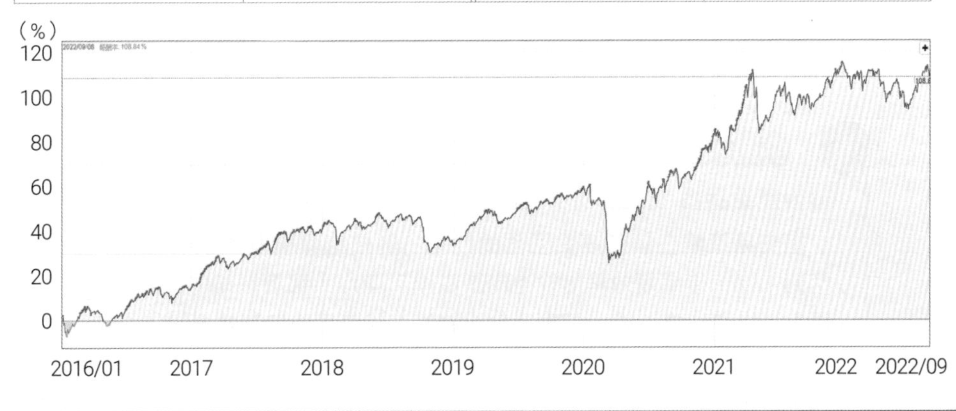

資料來源：XQ 全球贏家

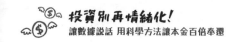

科學驗證 A 創新高是否能帶來獲利？

透過歷史回測，我們可以發現「不選股，僅用技術面交易」的結果：勝率達到 54.67%，同時總報酬率高達 108.84%，就連最大連續虧損也只有 –17.98%。

沒錯！不需要選股，不需要解讀任何消息面，純粹單就「創新高」這個策略去交易台股上市櫃所有的普通股，並且搭配簡單的停利停損比例，長期就會是一個可以得到「正報酬」的交易訊號。

由此可證，市場上人們「謠傳」的創新高是一個買進訊號並非虛傳，而是實實在在的交易乾貨資訊。

在沒有其他濾網的情況下，符合這種交易訊號的機會肯定

小辭典

最大連續虧損（Max Draw Down，MDD）

指交易策略在績效高點回落的比率，例如總報酬率達 30% 後回落到 12%，後續績效再度往上創新高達到 40%，那麼策略的最大連續虧損比率則為 18%。該數據越小越好，代表風險控制效果越佳。

乾貨資訊

指實用且具有價值的資訊，例如生活小技巧、健康知識、職場心得、投資建議等等。

非常多，這時候只需要加上一些簡單的選股濾網，找出更多長期對股價有幫助的正向因子，你的「突破」交易策略就可以得到亮眼的成效。

只看教科書 可能讓你「穩定虧損」

再舉一個例子，大家會更有共鳴，關於 KD 指標，教科書上的內容都寫得很清楚：KD 黃金交叉買進、KD 死亡交叉賣出，不知道有多少認真的投資者對此深信不疑，剛進入市場 2 年的我也是如此，在某些狀況下利用 KD 指標確實能帶來不錯的獲利。

但為什麼我最終還是放棄了 KD 指標？理由很簡單，因為長期來看，這不會是一個可以獲利的交易訊號，所以書上說的都是錯的嗎？這件事情不用爭論，直接透過科學回測演示，你就會知道原因。

我們來看看 2016 ～ 2022 年這段時間，針對所有上市櫃普通股，使用 KD 指標交叉進出場的操作，是否能帶來獲利機會，只要設立一個簡單的交易訊號回測，就會得出使用 KD 指標交易的結論。

科學驗證 B ▸ 用 KD 指標進出場是否能帶來獲利？

- 回測期間：2016/1/1 ～ 2022/9/8
- 回測標的物：全上市櫃普通股
- 回測買進條件：KD 指標黃金交叉，且於隔日開盤價買進
- 回測賣出條件：KD 指標死亡交叉，且於隔日開盤價賣出
- 停利與停損：無
- 交易成本：手續費來回共 0.4%

總交易次數	232,250	勝率	34.14%
獲利次數	79,283	虧損次數	152,967
總報酬率	–46.84%	平均報酬率	0%
最大獲利率	211.54%	最大虧損率	–47.01%
最大連續獲利率	16.39%	最大連續虧損率	–21.61%
最大區間獲利率	50.48%	最大區間虧損率	–53.60%

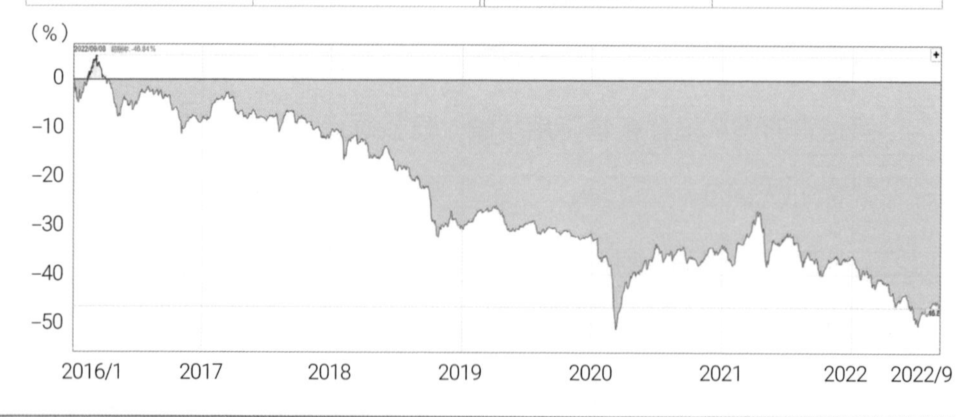

資料來源：XQ 全球贏家

科學驗證 B 用 KD 指標進出場是否能帶來獲利？

透過回測績效圖，你會發現在短短 6 年多時間，交易次數竟然達到 23 萬 2,250 次，同時可以看到勝率僅 34.14%，總報酬率 –46.84%，最大連續虧損的比率高達 –21.61%，且績效圖穩定向下虧損，也就是說 KD 指標如果按照教科書的買賣訊號來使用，基本上是一個「穩定虧損」的策略。

看到這邊，你還對於 KD 指標充滿熱情與信任嗎？還是開始對自己過去學習過的技術指標及交易邏輯產生質疑了？沒錯，這就是我想跟大家表達的結論。

你可以在回測結果中觀察任一檔個股，回顧一下使用 KD 指標進出場的狀況，你會發現交易次數過度頻繁，會囊括非常多無效的訊號，而頻繁交易也會使你的獲利被手續費、證券交易稅等成本吞噬。

為什麼會說囊括許多無效訊號呢？我們以智邦（2345）為例，可以發現在線圖上，有很多 KD 值反覆黃金交叉與死亡交叉的訊號，實際上都沒能有效地預測行情創造報酬，若投資人依 KD 指標交叉的策略操作，頻繁買入與賣出，還會造成交易成本大幅度提升。

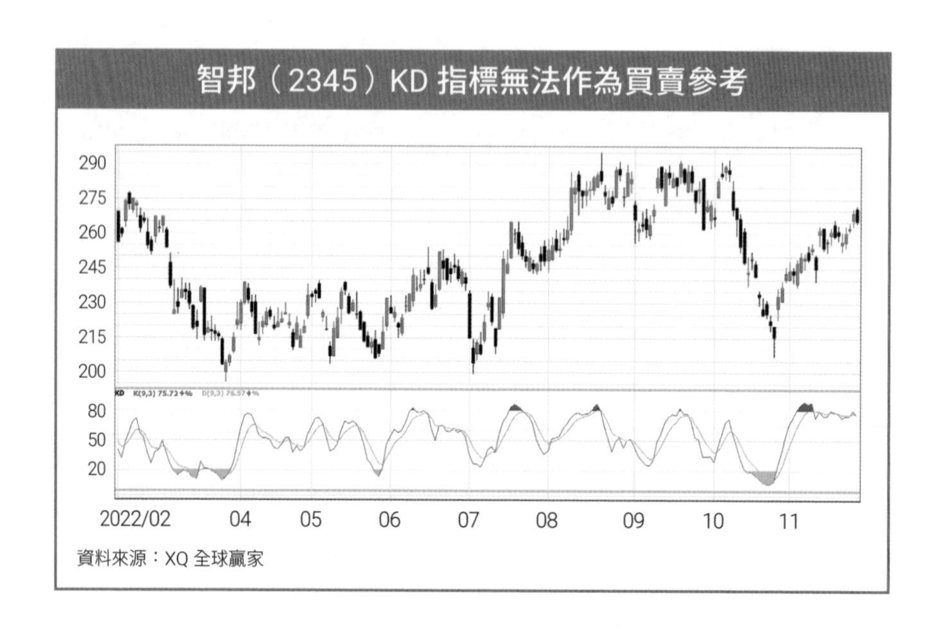

頻繁交易 手續費恐吃掉獲利

從前面的案例來看，可以知道用 KD 指標操作的最大疑慮點，在於頻繁交易的成本吞噬了該有的獲利，這時候我們可以再來做一下回測驗證，就知道是否如我們所想，是交易手續費所產生的問題。

科學驗證 C　用 KD 指標進出場（無成本）是否能帶來獲利？

從圖上的交易勝率來看，雖然還是只有 38% 左右，但是總報酬率已經翻正達 57.81%，由此可知，確實是因為交易成

科學驗證 C ▸ 用 KD 指標進出場（無成本）是否能帶來獲利？

- 回測期間：2016/1/1 ～ 2022/9/8
- 回測標的物：全上市櫃普通股
- 回測買進條件：KD 指標黃金交叉，隔日開盤價買進
- 回測賣出條件：KD 指標死亡交叉，隔日開盤價賣出
- 停利與停損：無
- 交易成本：手續費來回共 0%

總交易次數	231,822	勝率	38.12%
獲利次數	88,370	虧損次數	138,496
總報酬率	57.81%	平均報酬率	0%
最大獲利率	212.79%	最大虧損率	–46.8%
最大連續獲利率	17.07%	最大連續虧損率	–22.78%
最大區間獲利率	79.13%	最大區間虧損率	–26.29%

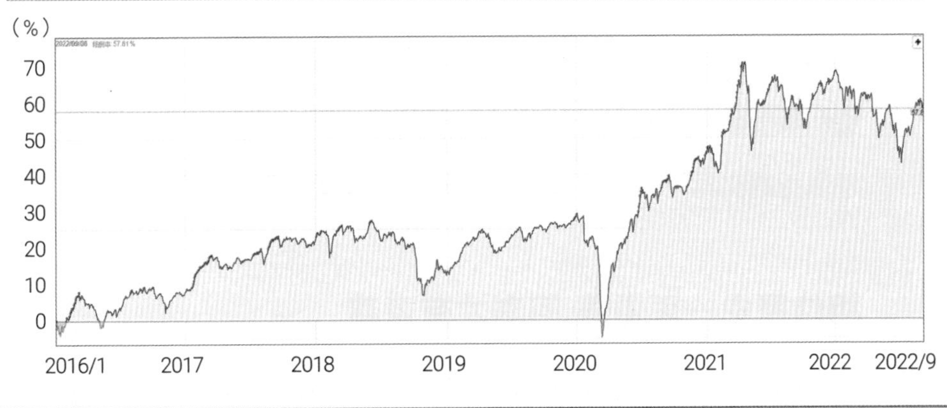

資料來源：XQ 全球贏家

本的關係，導致 KD 指標無法直接使用黃金交叉與死亡交叉來建構訊號。

如果市場上交易可以不用成本的話，使用 KD 指標確實是有利可圖，可惜的是，現實世界就是會有交易成本，以下是我們透過量化得出的結論：若要按照教科書上的做法使用 KD 指標，必須要有「無交易成本」的環境才可行。

對我來說，科學化交易為什麼這麼具有魅力且迷人，是因為它可以告訴我很多真相，包含你聽過的交易方法、教科書上常寫的指標交易策略，只需要把它輸入到電腦當中，透過歷史量化數據的回測，策略到底有沒有價值就會浮出檯面，同時也可以讓你節省很多測試策略的時間成本。

如此一來，你對於自己的投資與交易將更具信心，因為你能知道你的方法在歷史行情中，是否具備潛在獲利機會，而不是像主觀交易，不僅沒有底氣，心態也非常浮動。

相信歷史一再重演 回測才有意義

你真的知道自己的策略是什麼嗎？能不能夠明確說出你的投資策略？如果對於上述 2 個問題，你的答案都是否定的，代表你並沒有紮實的策略迎戰市場，那麼你應該用心把這本書看完，建構屬於你自己的投資策略。

從現在開始，請你質疑自己的交易策略，網路上看到的投資策略不要完全相信，因為那些並不一定有效或真實，只有透過歷史量化驗證過的策略與交易方法，才能夠為你打下穩定獲利的基礎，這也是我被科學交易深深吸引的主因。

一般新手投資者，相信看完上述的內容後就會蠢蠢欲動！也想測驗看看自己的交易策略是否經得起驗證、是否長期也有獲利機會，這也是我經常鼓勵同學們學習科學交易的原因，它可以提供一個數據來佐證你的策略績效。

那麼，為什麼要相信回測？首先，我們要先認同一件事情，就是「歷史不會 100% 重演，但是會高相似度地重複出現」，這是在你進行科學分析前，一定要先認知到的邏輯架構，如果你不認為歷史會高相似度地重複出現，就不需要透過歷史來學習投資，因為這些經驗不具有學習的價值。**一切的前提都是建立在歷史高度重演，我們才能從數據庫當中找到慣性與端倪。**

既然相信歷史，就可以把設計好的交易策略，用過去行情進行測試，透過大量的歷史數據，驗證策略的基本效度。如果你設計出來的策略，在歷史行情都無法獲利的話，未來也很難幫你創造報酬。

用歷史已知數據所開發出來的策略，最為人詬病的部分就是：知道歷史行情，自然可以輕鬆寫出一套獲利策略（畢竟你都知道後續走勢了，用解答來設計題目當然簡單）。因此，要知道用歷史行情進行回測只是基本，後續我還會分享其他招數，讓你的策略在面對不確定的未來時，更具應變能力，包括機器學習概念的回測、切割邏輯、參數多寡、參數高原與參數孤島的回測小秘訣，都可以讓你的策略更具備穿透力。

小路真心話

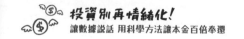

如果你認為「投資」是可以學習的，那一定是根據歷史經驗來歸納一些結論。既然我們相信歷史會高度重演，回測績效的參考價值就會高，再搭配採用機器學習的資料切割技術，協助我們確認策略的穿透性，回測效度就會更好，這是信奉科學交易的人一定要相信的事情。

2-4

股市消息滿天飛
如何正確判讀資訊？

每天打開股市 App 或是新聞媒體平台，都會被鋪天蓋地的股市消息淹沒，如果你是一個缺乏自信與堅定信念的人，就容易感到困惑。光是一天之內的時間，你對於一個產業或一檔個股的觀點就可能反覆無常，到最後你會發現自己幾乎是隨著消息面起舞。

但這並非是你的錯，只是人們習慣將消息全盤吸收進大腦，無意間干擾自己的思考邏輯，構成所謂的「洗腦」現象，加上在面對眾多消息時，人們經常傾向於看一些「支持自己論點」的消息，來說服自己的觀點是正確的。

只信利多 邏輯全拋腦後

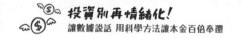

舉個例子來說，當你認為台積電（2330）只要「無腦多頭買進」就對了，這時候一旦出現明顯下跌或修正幅度，你就會開始去找新聞標題為「台積電產能滿到明年」、「台積電獲利創歷史新高」等等相關利多消息來支持自己的論點，與此同時，你早已忘了當初為什麼要買進台積電，心中只有一個執念：「無腦買進台積電！」你身邊有沒有這樣的朋友呢？

事件回顧

無腦買進台積電是不少投資人在2020年～2021年間的共識。疫情時代下因電子商品銷售的大幅成長，帶動相關晶片與晶圓代工需求，讓台積電股價從疫情爆發後的低點200多元，一路飆升到600元以上的價格，在當時可以說是人人擁護台積電，也讓它成為著名的「護國神山」。

這其實是一個很危險的行為！因為你的操作已經「沒有邏輯」了，原先在進場前設好的停損與停利、說好的加減碼資金控管……全都拋之腦後，取而代之的是被新聞消息帶風向，通常只有在股價已經下跌完畢時，你才會看到股價的利空消息，那時才會懊悔：「啊！原來是因為這樣才漲不上去。」但說什麼都來不及了。

上述情境相信對於很多投資人來說來說並不陌生，這是多數人投資時容易遇到的困境。因此，花費大量的時間去觀察財經資訊與新聞消息，真的有益於投資嗎？我的觀點是相反的，看的越多、理解的越深入，最後發現自己仍不知所措，這才是看太多新聞的弊端。

再舉一個例子，也是大多數投資人容易犯的錯誤，當你看到利多消息後，跑去尋求身邊朋友的認同，直到周遭親友都知道這檔股票有多好、非常認同你的時候，你就要思考一個問題，如果大家都知道這檔個股這麼好，那麼到底是誰在賣給你？如果能想通這件事情，你就會明白為什麼「認同你的人變多」不見得是好事。

散戶追消息 永遠慢半拍

有一個很重要的詞彙——瀑布（Cascade），不知道大家有沒有參加過一些聚會或派對，當中會有「香檳瀑布」這個環節，實際上這個詞在交易世界中想要表達的是「資訊棒次」，當你聽到一個好消息或利多消息時，你必須先思考一件事情：在此之前有誰已經知道這個消息了？

第一層肯定是公司老闆與管理層，接下來訊息會持續外溢到部門主管、員工、家人等，一路向外擴散，這種消息擴散的狀況就如同在倒香檳瀑布，會有越來越多人知道，但實際上等到散戶看到這個消息時，股價多半已經完全反應，或者是反應得差不多了，這時候你才後知後覺地根據新聞消息做出反應，結果往往是傷亡慘重，後悔也為時已晚。

❶ 第一層濾網：鎖定有用資訊

你必須學會辨識哪一些是有用的資訊，所謂有用的資訊指的是「能夠真正幫助你投資」，基本上我自己會根據營收、獲利數字，作為第一層篩選資訊價值的濾網，也就是說我只會看EPS、營收創新高的股票。根據歷史量化研究的結果顯示，具備良好基本面與成長潛力的公司，長期來看提供正報酬率的機率比較高，我自然會鎖定這樣的公司。

經過量化驗證得來的訊息，才值得你多看兩眼，反觀那些分析這檔個股有多好、有多讚的資訊，對我來說只是當茶餘飯後的消息，並不會因此動搖我的選股邏輯，因為大多數新聞都只是複製貼上，並沒有真正深入分析（深入分析也不見得會有好的報酬）。

❷ 第二層濾網：觀察股價位階

第二層濾網，在我得知利多消息後，我會去觀察這檔股票的價格，是處於相對高檔（已經漲過）還是相對低檔（才剛開始量能放大），基本上在股價高檔時發利多消息，多半是為了出貨給看新聞買股票的散戶，對我來說，如果是營收、業績表現亮眼的消息出爐，股價才在平台盤整後起漲第一根，就是一個很加分的訊息。

透過這 2 層濾網篩選的股票不僅非常有效，也符合「好公司或潛力股，也要對照相對低檔的位階」的邏輯，以上內容是我主觀分享的想法，如果要讓你的選股變得更加嚴謹，最後還是要把你的方法與策略標準化，也就是你要能夠說出「什麼是好公司潛力股」。

如果你能夠明確說出定義，基本上就不需要去理會消息面，因為那對你來說都是雜訊而已。如果你還沒辦法清楚說出定義，代表你現階段的選股還不是很穩定，多多少少還是會受到消息面的影響，若是這樣的情況，你就更需要學習科學化的投資思維，讓你的選股方法更加固定，降低消息面對你的干擾。

這邊給個結論：市場上所有的消息面對我來說，只是規劃、歸納投資策略因子的一環，並不是我拿來決策投資與否的關鍵參考因素。只要你能夠建構出一套固定的選股策略與交易系統，消息面對你來說並不重要，不去關注消息面，你才能夠更加紀律地運用你所規劃的策略。

小路真心話

每天被大量資訊轟炸，沒有辦法判斷哪些是有價值的資訊，以及哪些資訊是市場主力刻意讓你看到的，你就會陷入資訊螺旋當中，混亂而沒有脈絡。對於科學投資的人來說，消息面基本上沒有什麼價值，我們關注的是「數據」，只有這樣你的投資才會理性，才會科學。

NOTE

Chapter | 03

建構屬於自己的策略：基礎篇

3-1 建立正確期待 只求合理報酬率

3-2 股價上漲的真相 3大面向不可偏廢

3-3 關於基本面 你要知道5大利多因子

3-4 技術分析 只須關注2個重要指標

3-5 籌碼大戶默默布局 該怎麼看？

3-1

建立正確期待
只求合理報酬率

進入市場之後，策略固然重要，但更應該看重的是你的投資心態。你野心勃勃地來到金融市場，最初一定都會對自己有所期待，可能是每個月獲利多少金額，也可能是年化報酬率要達到多少百分比等。

但你知道大多數投資者在金融市場上的獲利狀況嗎？實際上有多少人是獲利的，你有清楚了解嗎？如果沒有做過這些數據的調查與研究，可能會導致你在市場上的預期，與自己實際操作的結果大相逕庭，不僅會讓你對投資感到挫敗，也可能走向錯誤的道路（例如為了高獲利瘋狂開槓桿，不顧風險），那麼即使有再好的策略或充沛資金，最終都可能導向大幅虧損的結果。

自 2022 年下半年起，市場利率逐漸攀升，聯準會升息帶動全球央行跟著升息，背景是為了應對近年來最嚴峻的通貨膨脹考驗。

截至 2023 年 3 月初，台灣的 1 年期定存利率約 1.4% ～ 1.6%，美元 1 年期定存利率約 3.8% 左右，這些都是近乎無風險的利率（假設美國與台灣的銀行都不會倒閉），換句話說，不需要冒任何風險就可以獲得的投資報酬率，也被稱之為「無風險利率」。

小辭典

無風險利率

指投資者在一定時間內，能夠從無任何風險投資中獲得的利率。現實中大多數機構、銀行都使用「倫敦同業拆放利率」（LIBOR 利率）或「美國國債利率」作為無風險利率。

前者主要是一般認為金融機構倒閉的機率很低，財務狀況有問題的銀行會被禁止參與同業拆放（金融機構間短期的資金借貸）；而政府可以發行國家貨幣應付到期的債務，只要國家不倒，國債不可能違約，因此美國國債利率也被視為無風險利率的參考水準。

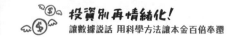

年報酬達 10% 就可以打敗大盤

有了基本參考的利率水準後，你將重新理解投資報酬率的意義。我相信大多數投資者對於報酬率存在過度美好的幻想，實際上如果你的報酬率與無風險利率有顯著差異，除了代表你的績效很好以外，就另一個層面來看，相信你也是冒了不小的風險來追求高報酬，因此我們可以衡量一下市場報酬率的數據。

透過歷史資料我們可以觀察到，在 1967 ～ 2022 年期間（共 56 年），統計加權指數每年的投資報酬率可以發現：平

台股上市加權指數年度報酬率統計（1967 ～ 2022 年）

年度績效	漲跌幅度	出現次數	機率	機率比重
超額表現	41% ～ 50%	9	16.07%	30.35%
	31% ～ 40%	3	5.35%	
	21% ～ 30%	5	8.92%	
普通表現	0% ～ 20%	24	42.85%	42.85%
負面表現	0% ～ -10%	3	5.35%	26.78%
	-11% ～ -20%	3	5.35%	
	-21% ～ -30%	5	8.92%	
	-31% ～ -40%	0	0%	
	低於 -41%	4	7.14%	
總計		56 次	100%	100%
機率算數平均值：18.42%　**年化報酬率**：13.19%				

資料來源：小路 Lewis（取到小數點後第 2 位）

均年化報酬率約 13% 上下，這個數據就可以作為我們在市場上評估合理報酬的依據。

換句話說，如果你在扣除無風險的利率後，還能有 11% ～ 12% 的投資報酬率，就可以算是成功打敗大盤的投資者，但這樣的人其實並不多。我認為一個相對合理且有機會挑戰的年化報酬率會落在 10% ～ 20% 左右，能有這樣的年化報酬率水準，已經算是很優異的投資績效了！

當然，我相信也有少數優秀投資者的績效遠遠超出這個數據，可能 1 年就可以取得 50% 的投資報酬率，但當他們操作不順利的時候，資金拉回的幅度也會非常可觀，風險自然更大！因此我這邊所舉出的合理報酬，指的是大多數投資者在可承受情況下能夠挑戰的水準，必須建立正確的期待與認知，才不會好高騖遠，並在市場上踏實且努力地邁進。

小路真心話

合理的報酬率通常沒有辦法吸引大多數人的目光，但正是這樣穩定、低調的報酬率，才有辦法替你累積資產，而不是像煙火燦爛一時就消逝殆盡，建構資產才是我們踏入市場的目的。

3-2

股價上漲的真相 3大面向不可偏廢

在第 2 章提到，既然把市場當作是大型資料庫，就應該尊重大數據給予我們的指引，這才是科學交易的正確學習方式。那麼真正影響股價上漲的因素是什麼，你有沒有仔細思考過呢？是產業出現質的轉變？還是這檔個股有著不為人知的秘密？或是有什麼資金炒作的意圖存在？

我認為這些主觀的意識與想像，基本上都不重要，邏輯很簡單，首先我們並非業內人士，對於一個產業的資訊掌握度，很難贏過產業人士，而且就算一個產業有好的改變，也不代表會馬上發動行情。

另外，個股有沒有不為人知的秘密？由於我們不是大戶，也不是公司的親信，很難在第一時間知道這檔個股究竟有什麼轉機，我們只能猜測，就算知道了，也只是市場上的小道消息，是否真實無從得知。因此，要對市場上的所有消息抱持懷疑態度，你要思考的是：為什麼這個消息會呈現在你面前？

與其整天疑神疑鬼、尋尋覓覓，只為確認一檔個股的利多，是新聞消息還是想像空間，耗費時間精力在一個你很不確定的事情上，不如實際把資料庫整理出來觀察，從中發掘股價波動的慣性與關鍵因素，這樣的研究更加理性科學，方法也能夠持續複製，同時避免「聽消息買股」，實際上卻對操作一無所知的狀況！

掌握基本要素 用科學建構交易策略

該如何以科學化的方式來建構屬於自己的交易策略呢？這時候必須借助「投資因子」探勘，也就是基本面、技術面、籌碼面這些面向的數據庫，裡面有非常多元的投資因子，包括月營收年增率、EPS、三大法人買賣超、均線等，以下將就基本面、技術面、籌碼面 3 大面向的因子進行分享。

❶基本面因子

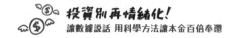

> 藉財報數字評估公司目前營運現況，一般來說，一間公司如果發生「質」的改變，營運狀況往往會出現明顯的改變，而非單次性的營收表現，透過觀察業績變化，可以推測公司未來的成長趨勢。

基本面數據非常多，打開財務報表上看到的所有數據，都是屬於「基本面因子」的一環。我相信大多數讀者都並非財務金融、會計相關科系，面對這麼複雜且艱澀的財會名詞，本身就會是一大門檻。

基本面因子一直以來最具爭論性的就是「股價是否已經反應完業績的成長利多」，或是「業績再好的公司，也不一定會發動行情」。沒錯，上述內容我都認同，這也是大多數投資者在觀察基本面時容易遇到的盲區與困境，實際上還需要搭配其他分析面向進行綜合判斷，才能有效確認這些消息。

❷技術面因子

> 透過觀察股價波動產生的線圖，尋找交易機會。這是大多數台灣投資者的主要分析方法，除了觀察價格波動的型態以外，市場上非常流行使用各種技術指標作為買賣參考，像是大家熟悉的 KD 指標（隨機指標）、MACD 指標、布林通道（bollinger-band）等，都屬於技術指標的一環。

技術面因子最具爭議的地方在於，儘管學習門檻較低，但多數投資者看的技術面數據都「一模一樣」。舉例來說，當我看到某檔股票出現「KD 指標黃金交叉」的買進訊號後，所有讀者跟我同步打開這檔股票的技術指標欄位，也都會呈現黃金交叉的狀況。

問題來了，教科書上都跟我們說「KD 指標黃金交叉」是一個標準的買進訊號，而股票交易要有人買進、有人賣出，這筆訂單才會成交。當大多數人都要買進，少數人要賣出的話，你可以去思考一個問題：到底是誰在這樣的交易當中獲利？很顯然，大多數人肯定是以虧損為主。

現在許多投資者缺乏獨立思考的能力，尤其是技術分析的面向，很多時候我們都會陷入「見樹不見林」的邏輯謬論當中，對於教科書上的內容，完全沒有抱持懷疑的態度，好像書上的內容都是正確無誤的，這時候就容易陷入技術面的盲點，在各種技術指標的學習上東翻西找，耗費大量時間嘗試，最後才發現，根據書本與網路上的教學內容使用技術指標，似乎沒有太大效果。

難道是技術分析沒有效度嗎？其實並不是，只是你需要透過別的方式與角度來正確認識技術分析，而這個角度就是我們接下來要帶大家認識的「科學交易」，透過科學你可以節省大把時間，快速檢視你的邏輯與想法是否有機會在市場獲利，同時讓你的交易盲點無所遁形。

❸籌碼面因子

> 透過分析市場上資金的流向，包含法人、中實戶、大戶等，來協助投資者判斷未來行情的潛在方向，因為該數據是真金白銀實際堆砌的交易結果，所以投資者通常更加留意籌碼面的參考價值。

台灣股票市場是全世界少數提供「高頻率」數據的國家，以美股來說，一季會公布一次 13F 報告（SEC Form 13F，公布機構投資者持倉），實際上當投資者看到數據的時候，已經是「一季度」以前的狀況，因此要使用籌碼面來操作海外市場證券，可能不是一件容易且有意義的事情。

回到台股來看，台灣證券交易所提供「每日」盤後法人買賣超數據，近年來也開放「單一分點券商買賣超」數據，讓投資者擁有更加透明的資訊可查看。這時候也衍生非常多的籌碼分析學派，從傳統的「法人資金分析」，到近年來很熱門的「高手分點」、「隔日沖分點」、「高勝率分點」等，越來越多投資者對籌碼分析產生興趣。

我認為籌碼分析最難以琢磨的點在於：雖然是真金白銀堆砌，但**實際上我們並不知道這個籌碼背後的意圖是什麼**。舉例來說，我們可能看到一檔個股，有一個券商分點持續加碼買入上千張的持股，就基本邏輯推論，我們可能會認為是：大戶資金持續進場加碼，後續股價有利多方，而實際上這個分點買進這檔個股的原因，或許是看好未來 3 年後的發展潛力，投資者卻用短線波段的角度看待這檔股票的籌碼。

於是就會發生：明明大戶持續加碼，但股價就是不發動的窘境！甚至還有可能因為各種外在因素而下跌，這時你就會對籌碼分析產生動搖，主要是因為我們不知道籌碼背後的思考邏輯為何。

再以法人籌碼的追蹤為例，很多短線波段交易者喜歡觀察投信籌碼，因為投信基金經理人具備嚴格的淘汰機制，投信剛卡位的股票，容易有短線爆發的行情。但投信買賣超數據是否真能帶給投資者更好的投資報酬率？這件事情「感覺上」好像是有的，「實際上」還得經過科學驗證，需要有更多的實質證據來證明。

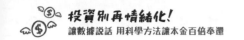

回到科學交易的主軸，還是要利用數據讓這些盲點消失，讓想法得到證實。

3 步驟思考 建立專屬投資策略

既然我們知道每個選股分析面向都有其盲點存在，這時候要思考的是，如何擷取每個面向的優勢，並透過多面向的濾網，建立更有效率的選股策略。

這個概念就很像製作一個野外的簡易淨水器，當我們在市場上觀察到一堆雜訊，就如同我們隨意在河邊蒐集到的水資源，基本上是不能直接飲用的，在金融市場也是一樣的道理，我們必須建立一套有效的方式，過濾出乾淨可飲用的水。

那麼，濾網可以怎麼設計？怎麼做才能確認濾網是有效度的呢？建議大家根據以下步驟來設定自己的選股策略。

❶認識自己：找出適合的投資風格

每個人的個性、習慣都不同，這也會影響到投資風格，有些人喜歡長期穩定投資，有些人喜歡短線爆發交易，基本上沒有對錯，只有適不適合，首要任務是要先找到自己的投資風格。

❷ 探勘因子：找到投資有利條件

找到自己的交易風格後，接下來就要選擇對的因子。舉例來說，如果你是保守的長期投資派，就可以利用殖利率、股息配發率、近 5 年 EPS、Beta 值等作為選股因子。又或者你是一個短線激進的交易者，就可以使用分點籌碼、技術分析、三大法人買賣超等數據，來捕捉短線有機會波動的個股。

要找到適合自己的因子，還是得經過主觀交易的學習，畢竟在建立策略的過程，不可能無中生有，必須從歷史經驗來建立。換句話說，你在學習投資的過程中聽過什麼、學過什麼，都可以拿來當作這個階段的因子，之後還要進行驗證，因此不用擔心有沒有效，先把自己的想像規劃出來。

具體來說，有那些投資因子可以多加留意？我會在章節 3-3 進一步說明。

❸ 驗證因子：想像要有數據支持

建立一套自己的選股邏輯後，最後一個步驟就是做科學驗證。因為自己的想像以及市場謠傳的投資方法是否真正可行，其實你是沒有太大把握的，這時候只要把所知道的投資方法寫成策略，丟到歷史資料中進行回測，就可以得知你的想法在歷史行情中是否具獲利潛力。

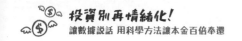

如果一個策略在歷史行情都沒有辦法獲利的話，很難期待在面對未來不確定的市場行情時，還能有獲得正報酬的機會。

上述3個步驟進行完畢後，策略才有實戰測試的需要，否則憑藉主觀的投資策略，其實多半都不可行，若拿到市場上操作，容易白白耗費資金與時間成本，肯定不划算。

小路真心話

設計你的專屬策略前，可以先好好認識自己的交易風格，找到適合的股票，接下來就是根據風格去篩選因子，像是基本面、技術面、籌碼面，也包含你對於投資的想像，最後就是驗證策略是否有效，這個過程可以讓策略與你的習慣更加貼近，打造專屬於你的投資策略。

善用免費回測工具

在設計策略的時候，必須要有一個平台能夠設置選股及交易條件，並且要能夠協助我們進行回測。如果你有能力自己建構資料庫，把上市櫃所有股票的價格、籌碼、財務數據等都詳細整理且歸納的話，可以透過 Excel 來進行，不過這個過程相當繁瑣，且容易有遺漏、資料庫不全的問題存在，對於新手投資者來說，無疑又是增加了一道門檻。

放眼台灣目前市面上能夠「免費」讓投資者進行回測、設置選股條件的工具，我想就屬「XQ 全球贏家」這套軟體了。這套軟體是由台灣興櫃公司——嘉實（3158）所創建，大多數證券商的電腦版軟體，也幾乎都是採用XQ的介面來授權投資者使用，所以如果有在用電腦看盤的話，相信對於介面不會太過陌生。

XQ 全球贏家介面相當友善且內建完善資料庫，可提供投資者回測策略績效，至於實際上要怎麼使用 XQ 進行回測，後續會分別針對基本面、技術面及籌碼面，一一解析我認為重要的關鍵因子。

1 小路真心話

本書所分享的策略建構工具 XQ 全球贏家，僅需要下載、安裝、註冊帳號即可免費使用選股與回測功能。如果你是新手投資人，建議直接使用現成的軟體來開發策略即可，進階投資者若有興趣開發自己的資料庫，可以使用 Excel 進行建構。

3-3

關於基本面 你要知道5大利多因子

這個章節我會帶大家認識基本面的獲利因子，並歸納出哪些對投資有利，後續再採取歷史回測，來驗證數據是否真實有效，以提高投資報酬率。根據國際論文研究結果顯示：基本面為影響股價長期投資報酬率的關鍵因子。

①價值因子 ｜ 3項要素 找出好公司

第一個基本面因子就是公司「實際上的價值判斷」。一般來說我們在交易一檔個股時，大多數人偏好「投資有價值且超值的好公司」，這對於持股心態來說，會更加穩健健康，實際上這類型的因子確實有利於提高投資報酬率。

價值因子我認為有 3 個要素值得讀者去深入研究：股價淨值比、稅前息前折舊攤銷前獲利、本益比。

股價淨值比（PB）：股價除以每股淨值換算出的比率，也就是股價與公司清算價值（淨值）有多少差距。股價淨值比一般以 1 倍為界線，超過 1 倍表示股價大於淨值，股價有高估疑慮；低於 1 倍表示股價小於淨值，股價有低估嫌疑。

稅前、息前、折舊攤銷前獲利（EBITDA）：用來評估公司核心獲利能力的指標，把跟公司營業沒有直接關係的項目都刪除了（利息、稅務、折舊和攤銷），更可以看出公司主要業務的賺錢能力，通常也會比較接近營業現金流（透過公司本身營運實際流入的現金）。

本益比（PE）：計算方法為股價除以每股盈餘，也就是評斷公司獲利能力與股價的相對比值，本益比越低代表公司股價相對低估，本益比越高代表股價相對高估。不過，根據不同產業特質，本益比的標準也會有所不同。

這 3 個因子非常常見，也是市場上辨識個股價值的主流因素，接下來就要回測檢核這些因子是否能帶領股價上漲。

科學驗證 A ▸ 股價淨值比＜1 是否能帶來獲利？

- 回測期間：2016/1/1 ～ 2022/9/26
- 回測標的物：股價淨值比（PB）＜ 1 的上市櫃普通股
- 回測交易條件：股價創 100 日新高，且波動不超過 20%
- 停利與停損：各設置 7%
- 交易成本：手續費來回共 0.4%

總交易次數	1,498	勝率	65.09%
獲利次數	975	虧損次數	523
總報酬率	132.3%	平均報酬率	0.09%
最大獲利率	16.09%	最大虧損率	–13.28%
最大連續獲利率	5.63%	最大連續虧損率	–10.61%
最大區間獲利率	189.21%	最大區間虧損率	–16.8%

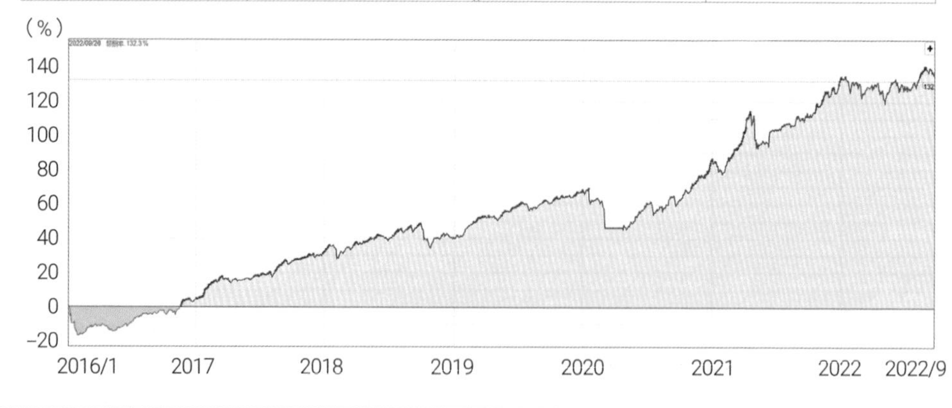

資料來源：XQ 全球贏家

科學驗證 B ▸ EBITDA 成長是否能帶來獲利？

- 回測期間：2016/1/1 ～ 2022/9/26
- 回測標的物：連續 3 季 EBITDA 成長的上市櫃普通股
- 回測交易條件：股價創 100 日新高，且波動不超過 20%
- 停利與停損：各設置 7%
- 交易成本：手續費來回共 0.4%

總交易次數	387	勝率	66.67%
獲利次數	258	虧損次數	129
總報酬率	178.37%	平均報酬率 %	0.46%
最大獲利率 %	16.76%	最大虧損率 %	–11.98%
最大連續獲利率	6.99%	最大連續虧損率	–9.03%
最大區間獲利率	192.07%	最大區間虧損率	–15.36%

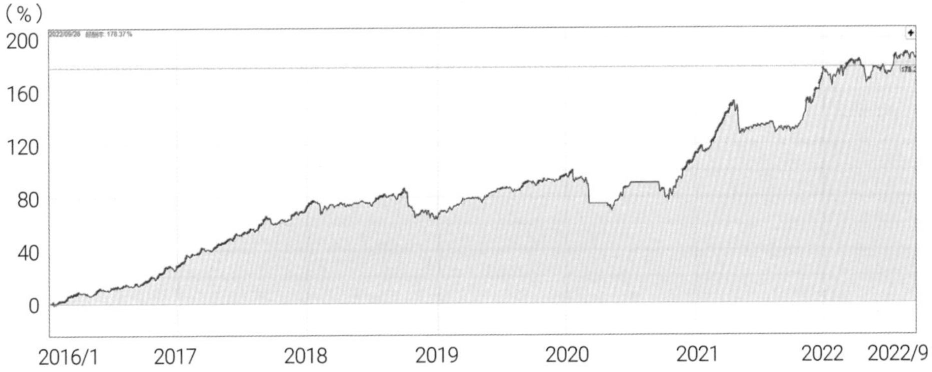

資料來源：XQ 全球贏家

科學驗證 C ▸ 本益比＞30 是否能帶來獲利？

- 回測期間：2016/1/1 ～ 2022/9/26
- 回測標的物：本益比（PE）＞ 30 的上市櫃普通股
- 回測交易條件：股價創 100 日新高，且波動不超過 20%
- 停利與停損：各設置 7%
- 交易成本：手續費來回共 0.4%

總交易次數	531	勝率	57.25%
獲利次數	304	虧損次數	227
總報酬率	101.7%	平均報酬率	0.19%
最大獲利率	15.14%	最大虧損率	–13.63%
最大連續獲利率	7.54%	最大連續虧損率	–18.1%
最大區間獲利率	111.22%	最大區間虧損率	–20.33%

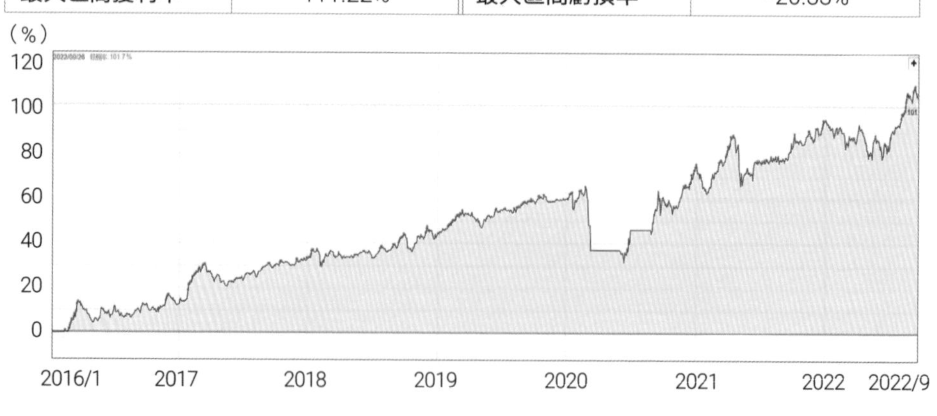

資料來源：XQ 全球贏家

科學驗證 A 股價淨值比＜ 1 是否能帶來獲利？

透過設定條件後的回測，可以發現在符合股價創 100 日新高、波動不超過 20% 的條件下，買進股價淨值小於 1 的股票，投資勝率高達 65.09%，同時總報酬率達到 132.3% 的好表現（後面進行回測驗證時，讀者們記得留意我設定的條件，內文不再一一贅述），就連風險控制指標：最大連續虧損也僅有 –10.61%，整體來看績效表現相當不錯，證實這個因子可以提供不錯的期望值。

科學驗證 B EBITDA 成長是否能帶來獲利？

EBITDA 連續 3 季成長，基本上就是一間持續成長的好公司，我們設定條件進行回測後可發現，勝率高達 66.67%，同時總報酬率高達 178.37% ！如果以風控的角度來看，最大連續虧損僅有 –9.03%，算是風險較低的交易策略，只要搭配簡單的突破策略使用，就能獲利不錯的報酬率，也證實這項因子可以深入研究。

科學驗證 C 本益比＞ 30 是否能帶來獲利？

最後測試的是本益比，相信讀者對這個因子也很熟悉，不過我這邊是使用本益比超過 30 倍作為選股標的，主要是因為本益比越高，若同時又可以觸發突破訊號，可能就是市場給予這檔股票更高的期許，代表未來或許有大爆發的機會。

我們觀察一下回測報表上的數據，勝率達 57.25%，總報酬率達 101.7%，最大連續虧損為 –18.1%，相較於前面幾個基本面因子來說稍微差強人意，因此可以搭配其他因子，來獲取更好的績效。

②獲利因子 ｜ 公司會賺錢 股價不寂寞

接下來談談觀察公司「獲利能力高低」的因子。一般來說，我們可以從市場上觀察到一個行情慣性：獲利能力優異的公司，很難看到它股價維持低檔的狀況，因為股票市場的邏輯，本身就是去衡量一間公司的獲利能力，不論是每股獲利或者為股東創造報酬的能力，都是評價指標。

因此想要找到獲利優異的好公司，我認為至少有 2 個因子值得深入研究：股東權益報酬率（ROE）、每股盈餘（EPS）。

股東權益報酬率（ROE）：衡量一家公司獲利能力的指標，反映公司利用資產淨值產生獲利的能力，通常將其視為公司為股東創造的報酬率，ROE 越高，代表公司為股東賺回的獲利越高；ROE 越低，則代表公司為股東賺回的獲利越少。ROE 是股神巴菲特最喜歡的選股指標之一，身為一個專業投資人，當然會在乎公司能為股東創造多少報酬，因此該數據自然越高越好。

每股盈餘（EPS）：是指公司每股創造的收益，對於上市公司來說，每股盈餘和股價有一定的連動性，這也是股東與投資人衡量公司獲利的關鍵要素。簡單來說，每股盈餘就是「每一股賺多少錢」的意思，可以快速幫助我們了解公司替股東創造獲利的能力。

但實際上我們要找的個股，不一定是 EPS 高的股票，畢竟 EPS 高，股價可能也很高，而且高 EPS 的股票也不代表比較容易發動行情。

在一般情況下，我更會去思考「成長性」，也就是說或許目前 EPS 不高，但是近幾季的成長幅度很大，就有機會帶動股價出現一波符合想像空間的行情，因此在條件設定上，可以多加留意成長的部分。

科學驗證 D　ROE 創新高是否能帶來獲利？

ROE 創新高且大於 15%，就指標上的意義來看，這是好公

科學驗證 D ▸ ROE 創新高是否能帶來獲利？

- 回測期間：2016/1/1 ～ 2022/9/26
- 回測標的物：ROE 創 4 季新高，且大於 15% 的上市櫃普通股
- 回測交易條件：股價創 100 日新高，且波動不超過 20%
- 停利與停損：各設置 7%
- 交易成本：手續費來回共 0.4%

總交易次數	14	勝率	85.71%
獲利次數	12	虧損次數	2
總報酬率	104.29%	平均報酬率	7.45%
最大獲利率	10.52%	最大虧損率	–7.52%
最大連續獲利率	22.38%	最大連續虧損率	–9.32%
最大區間獲利率	141.26%	最大區間虧損率	–15.32%

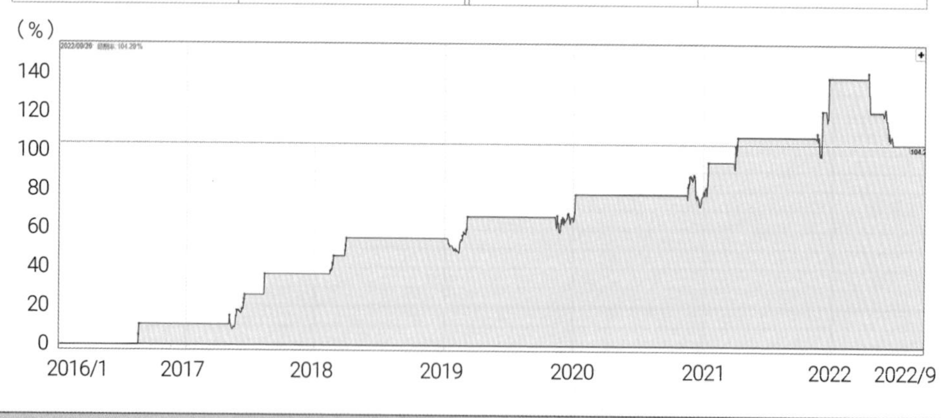

資料來源：XQ 全球贏家

科學驗證 E ▸ EPS 創新高是否能帶來獲利？

- 回測期間：2016/1/1 ～ 2022/9/26
- 回測標的物：EPS 創 12 季新高，且較前一年度同期成長 100% 以上的上市櫃普通股
- 回測交易條件：股價創 100 日新高，且波動不超過 20%
- 停利與停損：各設置 7%
- 交易成本：手續費來回共 0.4%

總交易次數	58	勝率	74.14%
獲利次數	43	虧損次數	15
總報酬率	298.2%	平均報酬率	5.14%
最大獲利率	16.09%	最大虧損率	–10.69%
最大連續獲利率	22.65%	最大連續虧損率	–9.19%
最大區間獲利率	320.11%	最大區間虧損率	–18.23%

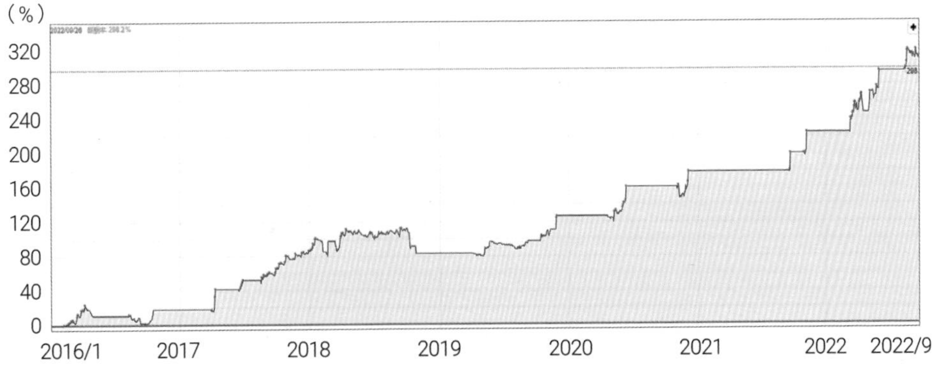

資料來源：XQ 全球贏家

司的特徵，能夠有效率地幫股東創造報酬，這類公司的股價只要出現突破轉強訊號，就有機會帶動不錯的交易機會。

從回測報表來看，交易次數很少僅 14 次，代表這樣的機會真的不常見，也因為條件相對嚴苛，符合條件的個股很少。但總體勝率高達 85.71%，總報酬率達 104.29%，也就是說交易筆數雖然很少，但都是高品質的交易。另外，最大連續虧損僅 –9.32%，表現可說是可圈可點，算是低風險的投資策略。

科學驗證 E　EPS 創新高是否能帶來獲利？

EPS 創新高且與前一年度同期相比大幅成長，這種具備強勁成長動能的成長股，自然是市場關注的焦點，經過量化驗證也可以發現，交易次數 58 筆，勝率高達 74.14%，出手成功率非常高，實際上總報酬率也高達 298.2%，非常亮眼！如此優異的績效下，最大連續虧損也只有 –9.19%，風險對照其獲利來看非常值得。

回測數據上也可以證明，業績明顯成長的好公司只要出現突破轉強，就會是很有價值的操作機會，但這樣的好公司不會太常出現，交易次數自然也不多，符合大多數投資者對於市場的想像。

③風險因子 ｜ 股性不同 找出可承受波動

接下來談談風險因子，每一檔股票都有它的「股性」，有些非常活潑、有些非常冷靜。這些股性有沒有辦法透過數據來捕捉呢？有的！也就是風險因子，透過風險值的高低，可以快速篩選出符合自己交易風格的個股。

β值是一種評估系統性風險的工具，可用來衡量一支股票相對於整體市場（大盤）的波動程度，β值越大，相較於大盤的波動性就越大；反之，β值越小，相較於大盤的波動性就越小。

假設某檔個股 β 值為 1，代表它的波動性跟大盤差不多，大盤漲 1%，個股也會漲近 1%；大盤跌 1%，個股也跌近 1%。

假設某檔個股 β 值為 2，代表當大盤上漲 1%，這檔個股會上漲 2%；當大盤下跌 2%，個股則會下跌 2%。也就是說，這檔個股的波動程度比大盤指數高出 100%。

假設某檔個股 β 值為 0.7，代表當大盤上漲 1%，這檔個股會上漲 0.7%；當指數下跌 1%，個股則會下跌 0.7%。也就是說，這檔個股的波動程度比大盤指數低 30%。

你覺得是高波動股票還是低波動股票，在突破交易上的績效表現會比較好呢？我們來透過歷史數據驗證看看。

科學驗證 F ▸ Beta ＜ 1 是否能帶來獲利？

- 回測期間：2016/1/1 ～ 2022/9/26
- 回測標的物：Beta ＜ 1 上市櫃普通股
- 回測交易條件：股價創 100 日新高，且波動不超過 20%
- 停利與停損：各設置 7%
- 交易成本：手續費來回共 0.4%

總交易次數	3,814	勝率	63.14%
獲利次數	2,408	虧損次數	1,406
總報酬率	112.09%	平均報酬率	0.03%
最大獲利率	16.76%	最大虧損率	–13.95%
最大連續獲利率	8.75%	最大連續虧損率	–11.57%
最大區間獲利率	158.09%	最大區間虧損率	–16.45%

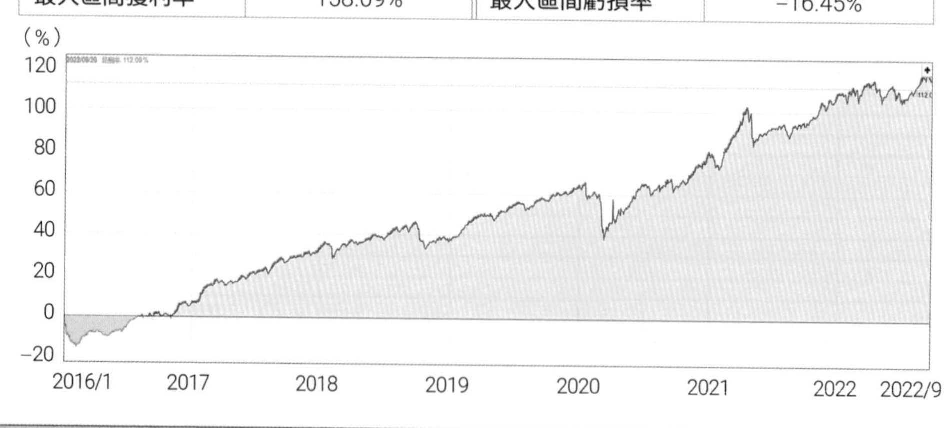

資料來源：XQ 全球贏家

科學驗證 G ▸ Beta ＞ 1 是否能帶來獲利？

- 回測期間：2016/1/1 ～ 2022/9/26
- 回測標的物：Beta ＞ 1 上市櫃普通股
- 回測交易條件：股價創 100 日新高，且波動不超過 20%
- 停利與停損：各設置 7%
- 交易成本：手續費來回共 0.4%

總交易次數	355	勝率	58.03%
獲利次數	206	虧損次數	149
總報酬率	42.84%	平均報酬率	0.12%
最大獲利率	15.04%	最大虧損率	–13.26%
最大連續獲利率	16.45%	最大連續虧損率	–16.13%
最大區間獲利率	114.79%	最大區間虧損率	–29.65%

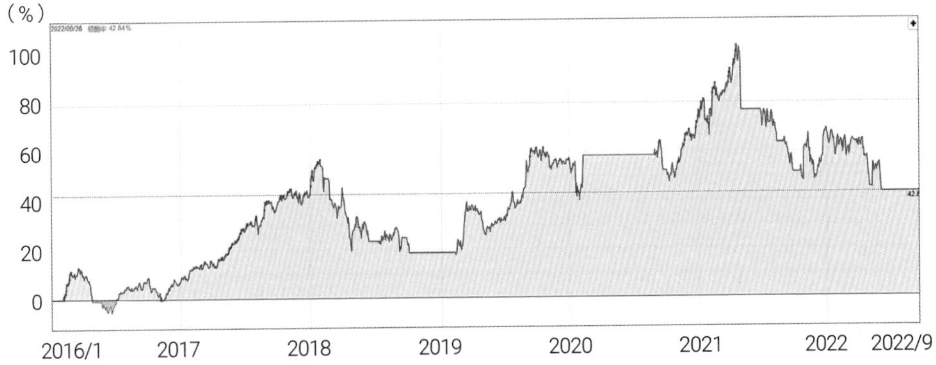

(%)
100
80
60
40
20
0
2016/1 2017 2018 2019 2020 2021 2022 2022/9

資料來源：XQ 全球贏家

科學驗證 F　Beta < 1 是否能帶來獲利？

從 Beta < 1 的回測來看，可以發現交易筆數高達 3,814 筆，如此高頻率的交易下，整體勝率還能維持 63.14%，可說是非常不錯的表現。不過勝率高低其實並不能直接表示績效的好壞（畢竟高勝率可以用低賺賠比來取得，也就是賺的次數多，但每次獲利可能僅 1%、2%），同步觀察報酬率達到 112.09%，顯示績效表現也不錯，最大連續虧損僅 –11.57%，整體風險與報酬對照來看是相對划算的。

科學驗證 G　Beta > 1 是否能帶來獲利？

從 Beta > 1 的回測來看，可以發現交易筆數只有 355 筆，仔細觀察這些高波動的股票，出現突破訊號的時候很難有「尚未漲多」的個股，因此交易數量自然就少了很多。

較少的交易筆數是否過濾出更優異的訊號呢？答案是否定的，我們可以看到勝率 58.03%，報酬率僅 42.84%，最大連續虧損達 –16.13%，整體績效表現遠遜於 Beta < 1 的策略。

由此可知，β 值的高低確實會影響報酬率，多數投資者喜歡的飆股，都是波動度極高的股票，在我們的交易模型當中無法取得好的報酬率，這也是飆股相當難掌握的證據。

要透過傳統突破訊號掌握飆股的報酬率相當困難，我們反而要關注波動度相對大盤較低的股票，較容易透過突破訊號抓住穩健的淨值曲線，因此嘗試使用突破交易的同學，可以多加留意中低波動股票轉強突破訊號的機會。

④規模因子 ｜ 中小型股 可賺取較高報酬

公司市值規模的大小，在投資報酬率上到底有沒有顯著影響？相信在股票市場上有一段時間的投資者，也只有若有似無的答案，沒有十足把握。面對這個問題，可以透過歷史數據探勘，觀察市值大與中小市值的公司，報酬率是否有顯著差異。

在規模因子的領域，我認為至少有一個因子可深入研究：總市值（Market Value，MV），計算方式是：股價 × 發行股數，用來判斷公司發行股票的市場價格總值。

我們透過大於 100 億元與小於 20 億元的市值因子作為測試水準，一般來說，大眾對於「高市值」的公司可能會有一個既定印象，也就是波動小、獲利可能較少，從回測報表上也可以得出相同結論嗎？在還沒有看到回測結果之前，你可以先有一個心理預期，準備好了嗎？一起來看看結果。

科學驗證 H ▸ MV ＞ 100 億元是否能帶來獲利？

- 回測期間：2016/1/1 ～ 2022/9/26
- 回測標的物：MV ＞ 100 億元的上市櫃普通股
- 回測交易條件：股價創 100 日新高，且波動不超過 20%
- 停利與停損：各設置 7%
- 交易成本：手續費來回共 0.4%

總交易次數	1,509	勝率	62.96%
獲利次數	950	虧損次數	559
總報酬率	112.13%	平均報酬率	0.07%
最大獲利率	15.17%	最大虧損率	–13.95%
最大連續獲利率	7.85%	最大連續虧損率	–12.59%
最大區間獲利率	136.41%	最大區間虧損率	–15.66%

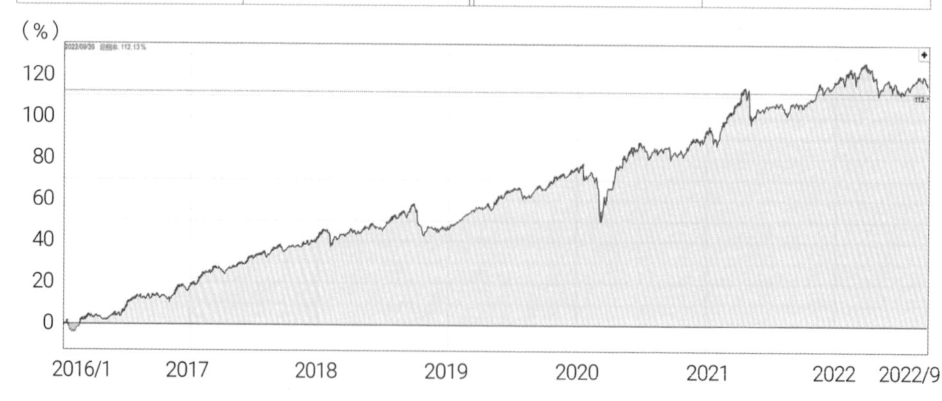

資料來源：XQ 全球贏家

科學驗證 I ▸ MV ＜ 20 億元是否能帶來獲利？

- 回測期間：2016/1/1 ～ 2022/9/26
- 回測標的物：MV ＜ 20 億元的上市櫃普通股
- 回測交易條件：股價創 100 日新高，且波動不超過 20%
- 停利與停損：各設置 7%
- 交易成本：手續費來回共 0.4%

總交易次數	855	勝率	61.17%
獲利次數	523	虧損次數	332
總報酬率	151.98%	平均報酬率	0.18%
最大獲利率	16.02%	最大虧損率	–13.63%
最大連續獲利率	13.09%	最大連續虧損率	–11.95%
最大區間獲利率	230.78%	最大區間虧損率	–20.31%

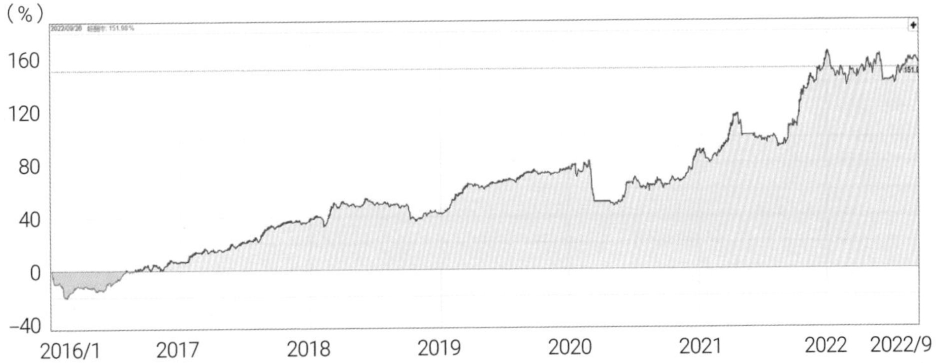

（%）
160
120
80
40
0
–40
2016/1 2017 2018 2019 2020 2021 2022 2022/9

資料來源：XQ 全球贏家

科學驗證 H　MV ＞ 100 億元是否能帶來獲利？

從總市值超過 100 億元的回測績效可以發現，交易筆數高達 1,509 筆，顯示交易訊號頻繁出現，勝率也維持不錯的 62.96%，同時總報酬率也來到 112.13%，顯示高市值的股票可以透過策略穩定輸出獲利，而以風險的角度來看，最大連續虧損為 –12.59%，表現中規中矩，接下來我們看看市值較低的回測結果。

科學驗證 I　MV ＜ 20 億元是否能帶來獲利？

從總市值小於 20 億元的回測績效可發現，交易筆數為 855 筆，勝率為 61.17%，與高市值（超過 100 億元）的股票策略差異不大，但總報酬率高達 151.98%，最大連續虧損率為 –11.95%。

從報酬率與最大連續虧損來看，中小型股的績效相對大型股來說較為優異，這也是為什麼大多數投資人都喜歡投資中小型股的主要原因。

不過就市值大小的交易條件來看，可以發現回測出來的結果並沒有明顯差距，這也代表市值大小並未對策略的績效產生顯著影響。

⑤慣性因子 ｜ 過去績效 真的不代表未來

上一季績效表現亮眼的個股，在下一季是否還會維持好績效呢？大多數投資者在找尋投資標的時容易有定錨效應，也就是你會記得上一季或上半年表現最好的股票，並把它視為下一季或下一年度的操作重點，但實際上這樣的操作標的都具備基期相對高的特性，可能面臨市場已經反應利多的窘境，那麼這樣的選股還具備效度嗎？

要探究慣性因子，我認為至少有一個因子可以去深入研究：前期季報酬率（R）。我們來試試看，上一季股價大漲的績優生，是否能有效提供後續股價的正報酬與期望值。

科學驗證 J　R 高於同行業組中位數是否能帶來獲利？

前期季報酬率高於同行業組中位數的回測結果顯示，交易筆數高達 3,575 筆，代表有一堆訊號符合條件，而勝率高達 62.74%，總報酬率 111.31%，就績效的角度來看還可以，最大連續虧損率來到 -11.3%，也還算是在可忍受的範圍內，但是與另外一組策略相比就高下立判。

科學驗證 K　R 低於同行業組中位數是否能帶來獲利？

前期季報酬率低於同行業組中位數的回測結果顯示，上一

科學驗證 J ▸ R 高於同行業組中位數是否能帶來獲利？

- 回測期間：2016/1/1 ～ 2022/9/26
- 回測標的物：前一季漲跌幅大於同行業組中位數的上市櫃普通股
- 回測交易條件：股價創 100 日新高，且波動不超過 20%
- 停利與停損：各設置 7%
- 交易成本：手續費來回共 0.4%

總交易次數	3,575	勝率	62.74%
獲利次數	2,243	虧損次數	1,332
總報酬率	111.31%	平均報酬率	0.03%
最大獲利率	16.09%	最大虧損率	–15.02%
最大連續獲利率	5.97%	最大連續虧損率	–11.3%
最大區間獲利率	156.45%	最大區間虧損率	–16.16%

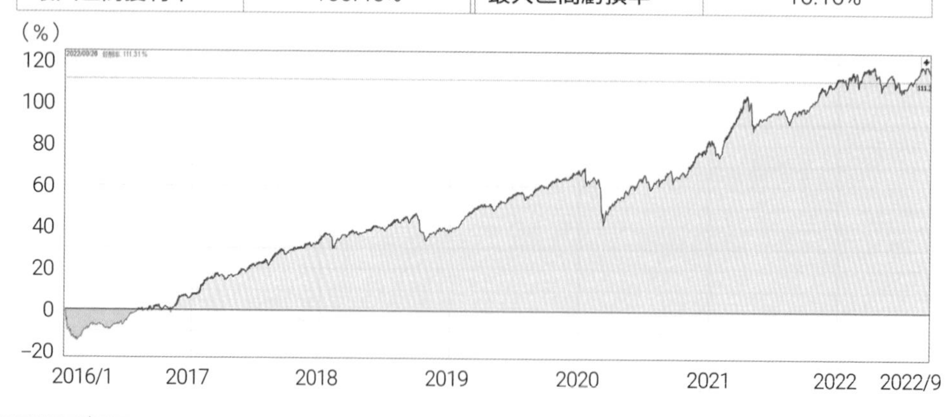

資料來源：XQ 全球贏家

科學驗證 K ▸ R 低於同行業組中位數是否能帶來獲利？

- 回測期間：2016/1/1 ～ 2022/9/26
- 回測標的物：前一季漲跌幅小於同行業組中位數的上市櫃普通股
- 回測交易條件：股價創 100 日新高，且波動不超過 20%
- 停利與停損：各設置 7%
- 交易成本：手續費來回共 0.4%

總交易次數	1,133	勝率	64.34%
獲利次數	729	虧損次數	404
總報酬率	124.05%	平均報酬率	0.11%
最大獲利率	16.76%	最大虧損率	–12.95%
最大連續獲利率	8.49%	最大連續虧損率	–9.38%
最大區間獲利率	130.58%	最大區間虧損率	–15.36%

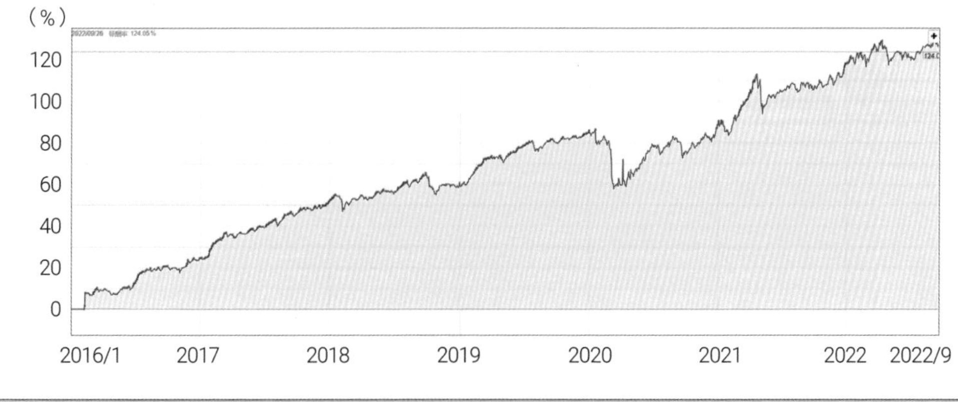

資料來源：XQ 全球贏家

季表現普普的個股，在未來可能迎來轉機並出現起漲訊號，交易筆數達 1,133 筆，勝率達 64.34%，總報酬率 124.05%，重點在於最大連續虧損率僅 -9.38%，算是低風險的策略。

兩者相比雖然差異不大，但上一季績效表現排行榜的前幾名，到了下一季並沒有持續提供更好的報酬率。換句話說，可能因為上一季已經漲過，下一季反而會輪到同產業當中，尚未表現的個股開始落後補漲。

透過這個回測，我們可以知道操作股票時，不一定要挑選上一季的飆股，因為可能會有追高的風險及疑慮，不妨留意尚未大漲過的股票，有機會展開輪動的可能性喔！

小路真心話

透過基本面 5 大領域的因子回測，可以發現確實都能有效提高投資績效，這就是科學化投資的魅力，讓你知道這些選股因子真的對投資有正向幫助！

3-4 技術分析 只須關注2個重要指標

學習完基本面的相關數據之後，我們會發現自己對於投資上的很多想像，與實務上有一定落差，這也是我為什麼堅持應該透過科學找到解答，因為你、我的主觀想像與事實不一定相符，這可能也是倖存者偏差的一環。

接下來要講解「技術分析」，這個環節可以簡單分為「價格分析」及「技術指標」2 種類型，這兩派分析方法各自都有擁護者，有些投資者喜歡用價格分析找尋突破、跌破的訊號，有些則喜歡參考 KD、RSI 等指標做出交易決策。

我認為兩者都沒有問題，跟每個人的學習路徑與實際操作經驗有關，儘管我們都曾在市場上學過這 2 種分析指標，最終還是要回歸到一個根本問題：到底哪一個指標有利於交易績效呢？接下來我將提供更多量化歷史交易的驗證數據，幫助讀者歸納技術面有利的交易訊號。

解開 KD 指標誤解 教科書不一定對

前面章節有提到 KD 指標，其使用規則相當簡單迷人，只要「黃金交叉買進」、「死亡交叉賣出」就可以輕鬆完成操作。這是教科書上最常見的策略之一，我剛踏入金融市場的時候，也被這個指標操作深深迷住！

「沒想到這麼簡單就可以操作股票！」這個想法當時浮上我的心頭，也是在那個時間點種下研究技術面的種子。但當時使用 KD 指標遇到很明顯的困境，很多時候都出現虧損的狀況，這令我十分疑惑，怎麼跟教科書上說的不一樣？

這時候我意識到：「書上不一定是正確的」，獨立思考的能力不論在現實生活或是金融市場上，都是非常重要的思維，於是我開始研究量化科學交易，把指標交易法則寫入策略中回測歷史行情，這才解開我對於 KD 指標的誤解。

科學驗證 A ▸ 用 KD 指標進出場是否能帶來獲利？

- 回測期間：2016/1/1 ～ 2022/9/26
- 回測標的物：上市櫃普通股
- 回測交易條件：KD 指標黃金交叉買進、死亡交叉賣出
- 停利與停損：無
- 交易成本：手續費來回共 0.4%

總交易次數	233,965	勝率	33.98%
獲利次數	79,509	虧損次數	154,456
總報酬率	–49.61%	平均報酬率	0%
最大獲利率	211.54%	最大虧損率	–47.01%
最大連續獲利率	16.39%	最大連續虧損率	–21.62%
最大區間獲利率	50.57%	最大區間虧損率	–53.59%

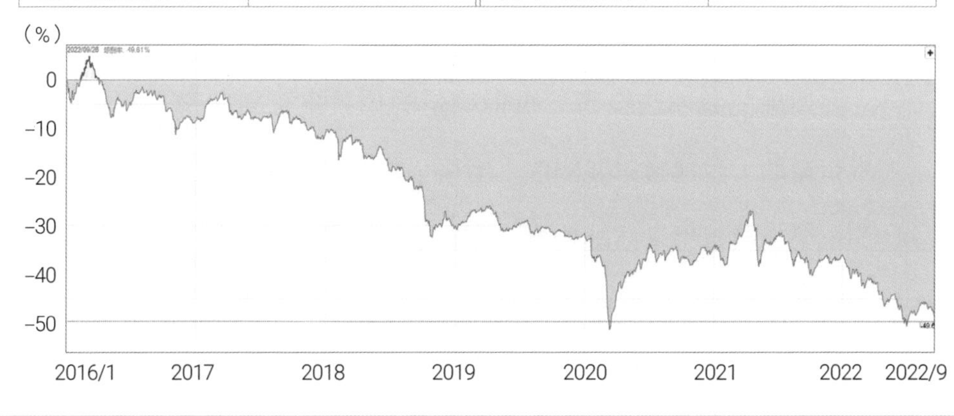

資料來源：XQ 全球贏家

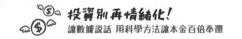

科學驗證 A 用 KD 指標進出場是否能帶來獲利？

進行回測後我才發現，原來單純使用 KD 指標黃金交叉買進、死亡交叉賣出，是沒有辦法創造報酬的。回測結果顯示交易筆數高達 233,965 筆，看到這種數量你一定要有一個直覺：頻繁交易肯定不會獲利。

事實也是如此，可以看到勝率僅 33.98%，總報酬率是 –49.61%，最大連續虧損率 –21.62%，從各方面數據都顯示這個交易策略完全不可行。

因此在學習技術分析的時候，讀者一定要對所有的交易訊號及策略抱持著懷疑態度，最佳的解決方案就是透過歷史回測，讓數據說話絕對是技術分析者必學的技能！

如果問我哪些技術分析指標是簡單且真正對於投資報酬率有幫助，我建議只要關注「價格」就可以了，實際上把所有的技術指標拉出來仔細觀察，你會發現每個指標計算出來的結果，都是根源於「價格」這個最基礎的技術面數據。

因此想要專注研究技術面的分析，我認為不需要過度關注其他加工過後的產物（技術指標），只要專注在價格本身的表現就可以了，也就是大多數投資者常說的「價格突破訊號」。

突破交易法 大家都愛用

「突破交易」在金融市場上，不論是股票、外匯甚至是虛擬貨幣，都是不少交易者喜愛的操作方式，主要是透過價格突破來找買點或賣點。這套方法是否真的有辦法提高投資報酬率？我相信如果你沒有跑過數據，很難有明確答案，沒關係，我們一起透過數據找出正確解答！

科學驗證 B 突破 20 日新高是否能帶來獲利？

透過回測發現，交易條件設定「突破 20 日新高」，看起來沒有辦法提供我們一個正期望值的操作策略。交易筆數多達 93,468 筆，勝率 53.69%，總報酬率僅 3.95%，顯然頻繁交易後的報酬，幾乎都被手續費給吃掉了。

打開回測報表中的幾檔操作範例，可以發現一個明顯的問題：創下 20 日新高的個股，通常上方都有一定的套牢壓力，換句話說，好不容易突破新高，但上方套牢壓力可能導致行情只能維持短線，甚至沒能有效發動行情。另一方面來看，創下 20 日新高的條件實在太過鬆散、交易筆數過多，導致頻繁交易的手續費吞噬獲利空間，因此我們需要把「創 20 日新高」這個條件再做一下調整。

科學驗證 B ▸ 突破 20 日新高是否能帶來獲利？

- 回測期間：2016/1/1 ～ 2022/9/26
- 回測標的物：上市櫃普通股
- 回測交易條件：突破 20 日新高
- 停利與停損：各設置 7%
- 交易成本：手續費來回共 0.4%

總交易次數	93,468	勝率	53.69%
獲利次數	50,186	虧損次數	43,282
總報酬率	3.95%	平均報酬率	0%
最大獲利率	21.54%	最大虧損率	–33.45%
最大連續獲利率	5.98%	最大連續虧損率	–18%
最大區間獲利率	37.05%	最大區間虧損率	–24.15%

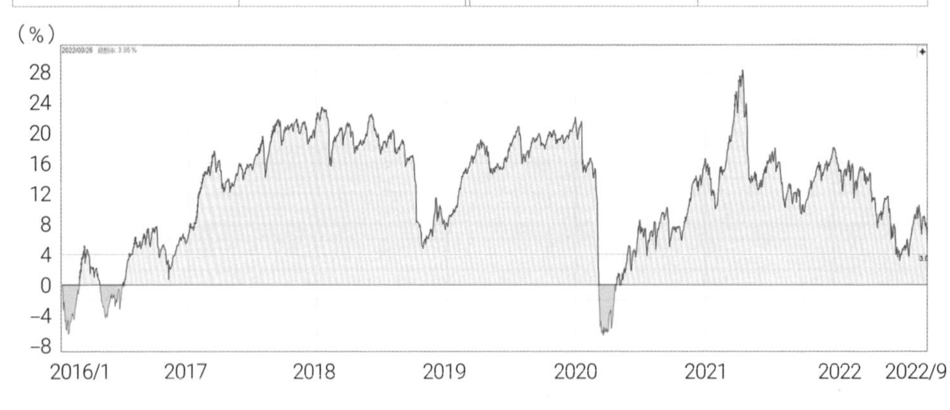

資料來源：XQ 全球贏家

科學驗證 C ▸ 突破 60 日新高是否能帶來獲利？

- 回測期間：2016/1/1 ～ 2022/9/26
- 回測標的物：上市櫃普通股
- 回測交易條件：創下 60 日新高
- 停利與停損：各設置 7%
- 交易成本：手續費來回共 0.4%

總交易次數	55,033	勝率	53.19%
獲利次數	29,273	虧損次數	25,760
總報酬率	36.95%	平均報酬率	0%
最大獲利率	19.54%	最大虧損率	–35.53%
最大連續獲利率	5.13%	最大連續虧損率	–10.25%
最大區間獲利率	71.83%	最大區間虧損率	–17.89%

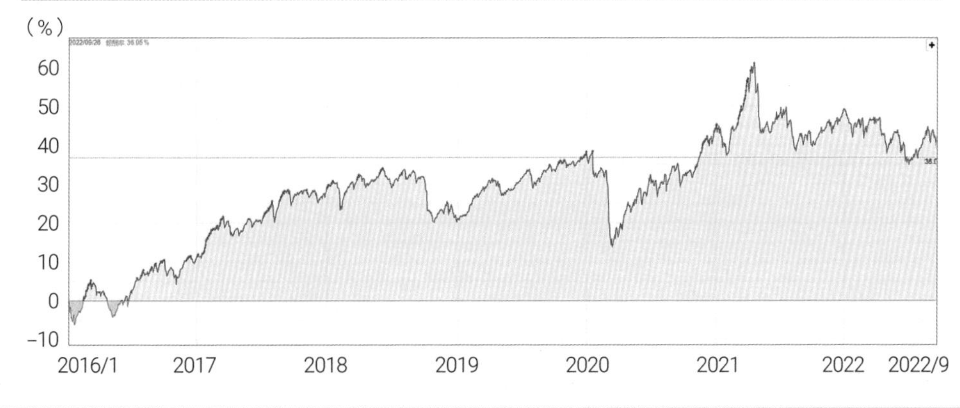

資料來源：XQ 全球贏家

來測試一下，把創新高的天數往上拉到「60 日」，就可以緩解一些接近套牢賣壓的位置，自然能減少行情的阻力，更有機會發動上漲的波段行情，但這也只是我們現在的想像，是否真的能夠創造更好的報酬率？我們來讓數據說話。

科學驗證 C 突破 60 日新高是否能帶來獲利？

看來我們的想像的沒錯，績效確實變得更好了，交易筆數降到 55,033 筆，勝率 53.19% 沒有什麼太大變化，不過總報酬率已經提升到 36.95% 了！這時候我們可以持續往上做測試，設定「創 100 日新高」、「200 日新高」等，從中找到最適合自己的交易參數。

這邊大家可能會有疑問，為什麼不直接找到最好的突破天數條件呢？因為**交易並非是要找到最佳績效的策略，而是要找「最適合自己的策略」**。

或許突破天數越高，代表股價越強勢、報酬率越高，但實際上你還要面對高風險的問題，同時交易次數也可能會少到一個極端數據，這對於實際交易來說，就會有交易體驗不佳的問題，因此我的習慣是任何條件，都要找到最適合自己的數據（勝率、報酬率、最大連續虧損、交易筆數等）。

科學驗證 D ▸ 突破 100 日新高是否能帶來獲利？

- 回測期間：2016/1/1 ～ 2022/9/26
- 回測標的物：上市櫃普通股
- 回測交易條件：創下 100 日新高
- 停利與停損：各設置 7%
- 交易成本：手續費來回共 0.4%

總交易次數	43,118	勝率	53.32%
獲利次數	22,992	虧損次數	20,126
總報酬率	64.16%	平均報酬率	0%
最大獲利率	19.54%	最大虧損率	–34.1%
最大連續獲利率	5.44%	最大連續虧損率	–14.80%
最大區間獲利率	100.25%	最大區間虧損率	–18.25%

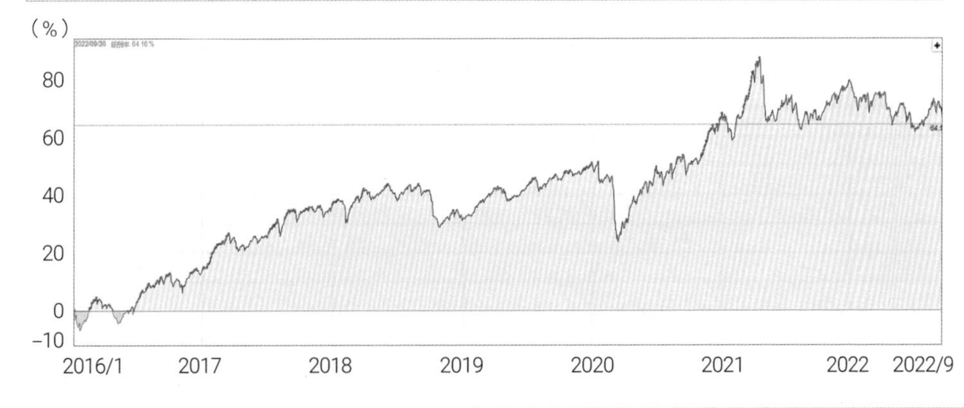

資料來源：XQ 全球贏家

科學驗證 E ▸ 突破 200 日新高是否能帶來獲利？

- 回測期間：2016/1/1 ～ 2022/9/26
- 回測標的物：上市櫃普通股
- 回測交易條件：創下 200 日新高
- 停利與停損：各設置 7%
- 交易成本：手續費來回共 0.4%

總交易次數	31,728	勝率	53.5%
獲利次數	16,976	虧損次數	14,752
總報酬率	85.11%	平均報酬率	0%
最大獲利率	18.44%	最大虧損率	–18.55%
最大連續獲利率	8.3%	最大連續虧損率	–15.2%
最大區間獲利率	113.49%	最大區間虧損率	–18.28%

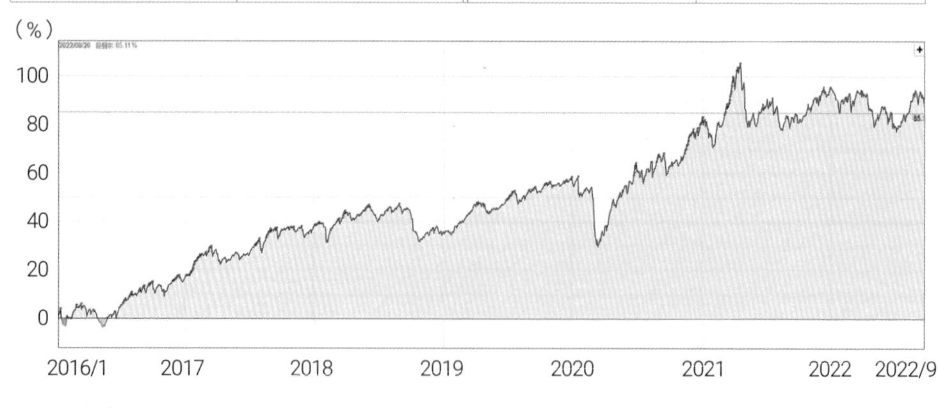

資料來源：XQ 全球贏家

接下來再設定「創 100 日新高」、「200 日新高」的交易，看看績效是否如我們所想。

科學驗證 D 突破 100 日新高是否能帶來獲利？

「創下 100 日新高」的操作模式，交易筆數持續下降到 43,118 筆，同時總報酬率持續增加，已經達到 64.16%，顯示更長天數的突破新高確實有更好的績效。

科學驗證 E 突破 200 日新高是否能帶來獲利？

「創下 200 日新高」的操作模式，交易筆數持續下降到 31,728 筆，總報酬率已經來到 85.11%，再度證實，突破更長期天期新高，確實有更好的績效。

經歷上述的回測，我們基本上可以得出 2 個結論：

❶ 突破天期越高 報酬越好

創新高天數越長的交易訊號，具備更好的效度，也就是操作突破長期新高的股票，可以獲得更好的報酬率，這是從上述回測數據當中得出的結論。

❷ 突破天期越高 可交易次數越少

創新高天數越長，交易次數越少，因為要能夠突破長期新高的股票，必然是市場上較少數的強勢個股。

對我來說，我希望可以在「交易筆數」、「勝率」、「期望值」當中取得一個平衡，畢竟還有其他分析面向可以進行優化，不需要在這個環節就把交易筆數限制到太低，以防加入多重濾網後，一個訊號都出不來。

就技術面而言，我自己非常喜歡以「創 100 日新高」的突破訊號作為主軸，這也是我經過歷史量化驗證後得出的結論。有了基礎的技術面突破訊號之後，還可以再進行第二階段的優化：股價位階。

設定股價位階 提高交易質量

很多時候我們在操作一檔個股，喜歡買入剛突破創新高的個股，如果這檔個股已經突破好幾天，甚至連續出現好幾根大漲紅 K 棒，此時就算觸發創新高的訊號，大多數投資者應該也都不敢下手，畢竟短線漲多容易讓市場感到「追高」的恐慌。

而「過度追高」跟「適度追高」是否會影響績效呢？在論述這個概念之前，先提一下「股價位階」的概念，當今天一檔股票距離近期低點已經有了 50%、75% 以上的漲幅，代表這檔個股可能已經發動行情，這時候入場會面臨過度追高的疑慮。

如果今天這檔股票創下 100 日新高時，距離近期低點只有 30% 的差距，代表這檔個股「才剛發動突破行情」，這時候入場，心理上比較沒有追高的壓力。

市場上都謠傳，「追高殺低」是一個高風險的操作，實際在數據上來看，只要創足夠多天數的新高，策略就可以提供正期望值的報酬，因此很多時候我們應該避開市場盲點與人云亦云的觀點，利用策略就能得知一個想法到底是虛假還是真實。

結合上述突破訊號，再搭配股價位階（限制波動度不超過 30%）一起優化，來看看是否有更好的績效。

科學驗證 F　限制波動的突破 100 日新高是否能帶來獲利？

限制波動後的創 100 日新高策略，交易筆數直線下降到 7,878 筆，勝率略微提高到 58.9%，報酬率也來到 107.3%，最大連續虧損 -11.81%，顯示限制波動度確實可以提高報酬、降低風險，提高每一筆交易的質量。

科學驗證 G　未設定波動的突破 100 日新高是否能帶來獲利？

反觀單純創 100 日新高（未設定波動限制），可以發現交易筆數高達 43,118 筆，勝率 53.32%，投資報酬率僅 64.16%，最大連續虧損 -14.8%。代表如果你不過濾短線漲多、

科學驗證 F ▸ 限制波動的突破 100 日新高是否能帶來獲利？

- 回測期間：2016/1/1 ～ 2022/9/26
- 回測標的物：上市櫃普通股
- 回測交易條件：創下 100 日新高，且波動不超過 30%
- 停利與停損：各設置 7%
- 交易成本：手續費來回共 0.4%

總交易次數	7,878	勝率	58.9%
獲利次數	4,640	虧損次數	3,238
總報酬率	107.3%	平均報酬率	0.01%
最大獲利率	16.76%	最大虧損率	–16.16%
最大連續獲利率	6.31%	最大連續虧損率	–11.81%
最大區間獲利率	146.55%	最大區間虧損率	–16.87%

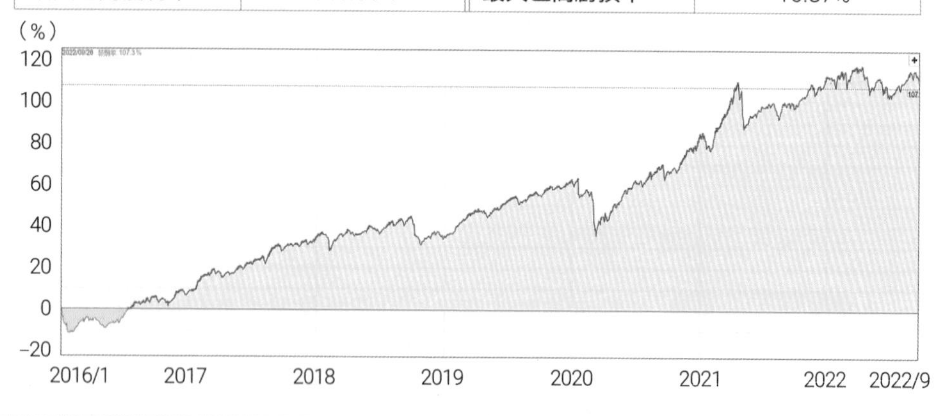

資料來源：XQ 全球贏家

科學驗證 G ▸ 未設定波動的突破 100 日新高是否能帶來獲利？

- 回測期間：2016/1/1 ～ 2022/9/26
- 回測標的物：上市櫃普通股
- 回測交易條件：創下 100 日新高
- 交易成本：手續費來回共 0.4%
- 停利與停損：各設置 7%

總交易次數	43,118	勝率	53.32%
獲利次數	22,992	虧損次數	20,126
總報酬率	64.16%	平均報酬率	0%
最大獲利率	19.54%	最大虧損率	–34.1%
最大連續獲利率	5.44%	最大連續虧損率	–14.8%
最大區間獲利率	100.25%	最大區間虧損率	–18.25%

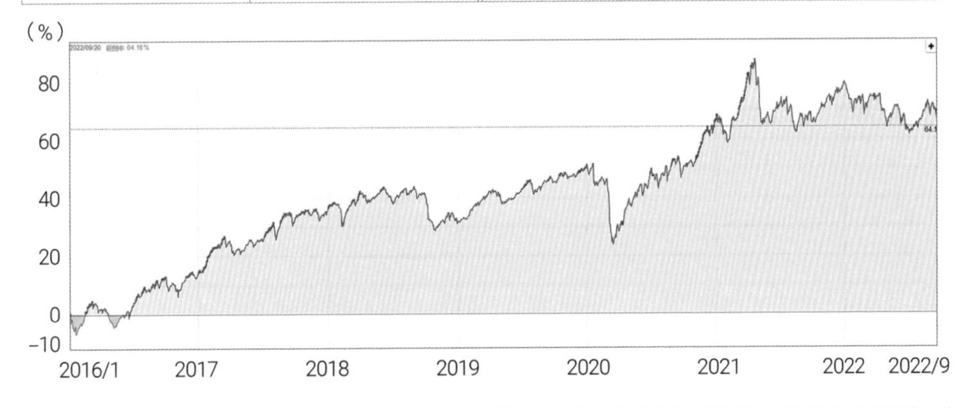

資料來源：XQ 全球贏家

波動度高的個股，單純追高、追突破的動作雖然可以建構正報酬，但卻不是真正具備質量的交易訊號。

所以我們把「限制股價位階的突破策略」與「沒有限制股價位階的突破策略」拿來比較就能發現差距，「限制股價位階的突破策略」的策略，不僅平均報酬率更高，風險也較低。從這些數據來看，我們可以把「突破訊號」與「股價位階」作為規劃技術面策略時的重要參考依據，透過量化回測數據的驗證，會讓你對策略更具信心！

3-5

籌碼大戶默默布局 該怎麼看？

介紹完基本面、技術面的分析邏輯之後，最後來看一下台灣獨有的分析面向「籌碼面」。放眼全球，台灣市場是少數會高頻率公布籌碼數據的國家，像是三大法人籌碼每日盤後更新，全世界幾乎找不到如此密集的籌碼資訊。

近年來為了讓資訊更加公開透明，台灣證券交易所也開始公布「分點券商籌碼」，讓市場可以更細膩解讀單一券商分點，觀察是否有大戶、中實戶等資金進駐，藉此捕捉更多市場資金的脈動。

籌碼數據更加公開透明後，市場上開始興起一股研究籌碼分析的學派，不論是捕捉特定大咖分點，或是觀察高勝率分點券商來進行研究與下單，籌碼面已成為市場上的一種新興分析方法。

我非常肯定「籌碼」是影響股價短線波動的主要因素，畢竟股價要漲，必須要有資金挹注推動，而實際上籌碼對於股價的長期報酬率是否有顯著影響？又該如何使用籌碼分析來捉住更有價值的交易機會？

關於籌碼面分析，先來聊聊最基礎的三大法人（外資、投信、自營商），我自己的經驗是「外資、投信」的買賣超效度，遠遠高過於自營商的買賣超數據。其實這件事情也有跡可循，但我們要先知道三大法人到底是什麼樣的籌碼？他們又有什麼操作慣性？

小辭典

券商分點籌碼

券商分點就是券商在全國各地的分公司、分行。例如：「凱基證券」是券商，而「凱基證券台北分公司」就是券商分點，一般投資大眾會到券商的分公司開設證券帳戶來做股票交易，而在券商分點下單交易的買賣資料，都會記錄在「券商分點買賣日報表」當中，投資人可以到台灣證券交易所的網站查詢。

外資 受限流動風險 瞄準長線獲利

所謂的外資就是 QFII（Qualified Foreign Institutional Investors），也就是「合格的境外機構投資者」，泛指所有的外國機構投資者，這樣的籌碼在資金規模上，通常較本土投資機構更龐大，也是台灣加權指數的重要推手。

外資在操作股票上因為資金量體較大，動輒數十億、百億的買賣超數量，如果操作中小型的個股，容易因為流動性不佳，買個幾億就把股票拉到漲停板，甚至成了該股在市場中的唯一主力，後續如果要出脫股票，外資會因為量體太大而難以完成交易。

因此外資在挑選個股方面，一定會優先考量流動性風險，股本太小的股票基本上容易見到「假外資」的買賣數據，因此想捕捉外資的籌碼流向，得從中、大型股來觀察。

外資喜歡買的股票，都是多數交易者平時不太感興趣的大型龍頭權值股，像是台積電、聯發科、鴻海、聯電等，這些個股對於喜愛中短線的交易者來說，絕對不會是首選，畢竟股本太大，很難波動，但外資因為資金量體的關係必須這麼選，才方便進出，可以降低流動性風險，這也是風控的一個環節。

小辭典

假外資

外資買賣超數據一般來講，就是由外資設立的帳戶進行買賣的數據，不過外資的帳戶可以出借給其他本土交易者使用，很多時候投資者過度關注外資的買賣超，反而給了有心人上下其手的空間。

本土交易者可以用一定的金額向外資機構交易者租借交易帳戶，並以此帳戶進行交易，如此一來，他的買賣超就會顯示在「外資買賣超」欄位上，很多投資者在看到「外資帳戶」開始買進一檔個股後，就認為是「外資機構」在買入，急著跟上車，因此就中了假外資的圈套。

除此之外，外資投入資金時，也會關注該產業是否具有長期發展空間，外資通常看的行情不會太短，可能是以數季、數年的大方向為主，因此他們在產業鑽研投入大量心力，為的就是賺取一個大趨勢、大方向的獲利。

上述是大多數外資機構的做法，當然也有一些更進階的海外基金操作團隊，像是避險基金（Hedge Fund）、主權基金（Sovereign Wealth Fund）等，會有更多花樣的操作邏輯與運作思路。

不過至少可以得知：外資資金量體龐大、受制於流動性風險，同時看好的產業板塊，通常會以一段時間來驗證，**過於短**

線的操作並非外資的核心主軸，想要操作大趨勢、產業板塊的投資者，我認為可以多加關注外資的買賣超數據。

投信 為了拚績效 中小型股有拉抬效應

投信就是發行各種基金的金融機構，而這些基金的操盤手就是大家俗稱的「基金經理人」，投資者可以透過公開申購基金，來參與該檔基金的投資報酬。投信的資金量體在三大法人中排第二，雖然無法與外資匹敵，但相較於自營商來說，資金量還是相對龐大，是台灣櫃買指數的重要推手。

投信因為資金量體不夠大，難以像外資一樣把資金廣泛投資到好幾檔個股，為了讓基金的績效有效提升，大多數基金經理人都知道「量力而為」，他們把資金投入大型股如同丟入水中，沒有辦法有效地拉抬股價。因此投信基本上善於操作中小型個股，因為股本相對較小，投信還是有機會影響這些個股的漲跌，為了拉抬績效，當然會優先「照顧」自己有辦法撼動的個股。

相信不少熱愛短線操作的投資人，都非常喜愛「投信」這個籌碼數據，因為基金經理人的「淘汰制度」非常激烈，該制度會根據基金經理人本季、半年甚至是 1 年的投資績效與排名，來汰換這位操盤手，這樣的淘汰機制給予經理人龐大壓力，會有積極拉抬股價的意圖（畢竟拉抬不成就要找工作了！），因此投信也有所謂的「季底作帳行情」的傳言。每一間投信公司的制度不太一樣，不過大同小異。

投信為了讓績效美化一下，通常會在每一季的季底積極拉抬有機會的股票，這也是窗飾效應（Window Dressing）的做法。因此在**每一季季底，投資者可以多加關注投信剛建倉的股票，或者是部位已經不小、股價還沒大幅拉開的股票，通常這些都是投信基金潛在拉抬作帳的標的！**

小辭典

窗飾效應（Window Dressing）

指機構投資者在報告期末時，對其投資組合進行調整以呈現更好的表現，從而美化報告的一種行為。例如，基金經理人可能會在期末購買一些短期表現較好的股票，並減持表現較差的股票，以提高其基金的整體績效表現。

自營商 操作沒有邏輯 較不具參考性

最後，則是資金量體在三大法人之中最小，且我認為參考價值不大的自營商，所謂的自營商其實就是銀行的自營部門，透過操作自家閒暇資金來試圖創造報酬率的一個法人。

實際上根據歷史經驗探勘，可以發現自營商的買進與賣出，基本上沒有什麼延續性，很容易出現「今天買，明天賣」的狀況，而買賣超數據都是在每天盤後才能夠看到，當你發現自營商買進某檔個股，想要跟著一起上車的時候，隔天或許它就賣出了。因此，想要跟上自營商的操作，是非常不簡單的事情。

另外，自營商大多數執行隔日沖的操作，實際上績效也沒有太過亮眼或具有吸引力，因此與其專注在難以捕捉的籌碼變化，我們更應該聚焦在外資與投信的籌碼變化，才是短線、波段操作值得參考的數據。

對於三大法人有基礎認識之後，接下來還是要關注哪一些籌碼數據真正有利於股價上漲，包括法人近 1 週買超大於 1,000 張、買超排行前 50 名，以及連續 3 天以上買超的數據，這才是科學驗證的重點與思路。

科學驗證 A ▸ 外資近一週買超大於 1,000 張是否能帶來獲利？

- 回測期間：2016/1/1 ～ 2022/9/26
- 回測標的物：外資近一週買超大於 1,000 張的上市櫃普通股
- 回測交易條件：創下 100 日新高，且波動不超過 30%
- 停利與停損：各設置 7%
- 交易成本：手續費來回共 0.4%

總交易次數	1,330	勝率	58.57%
獲利次數	779	虧損次數	551
總報酬率	92%	平均報酬率	0.07%
最大獲利率	15.17%	最大虧損率	–13.42%
最大連續獲利率	7.32%	最大連續虧損率	–14.68%
最大區間獲利率	129.29%	最大區間虧損率	–19.06%

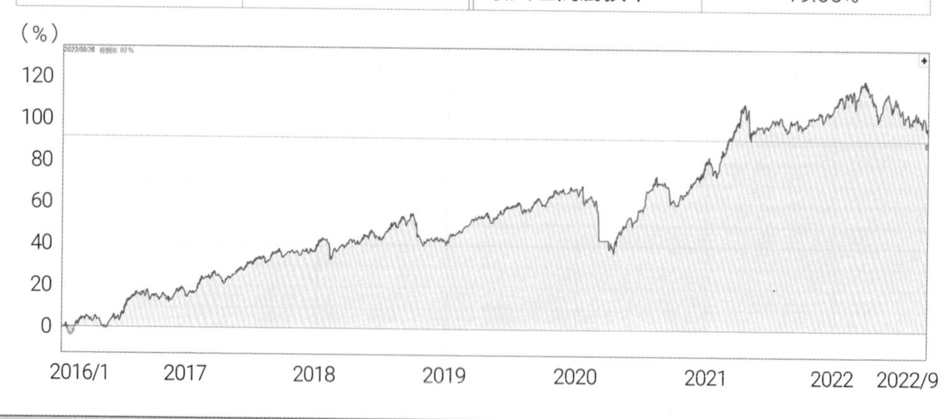

資料來源：XQ 全球贏家

科學驗證 B ▸ 外資近一週買超排行前 50 名是否能帶來獲利？

- 回測期間：2016/1/1 ～ 2022/9/26
- 回測標的物：外資近一週持股排行前 50 名的上市櫃普通股
- 回測交易條件：創下 100 日新高，且波動不超過 30%
- 停利與停損：各設置 7%
- 交易成本：手續費來回共 0.4%

總交易次數	542	勝率	66.24%
獲利次數	359	虧損次數	183
總報酬率	144.77%	平均報酬率	0.27%
最大獲利率	12.93%	最大虧損率	–13.95%
最大連續獲利率	6.33%	最大連續虧損率	–10.8%
最大區間獲利率	178.43%	最大區間虧損率	–16.54%

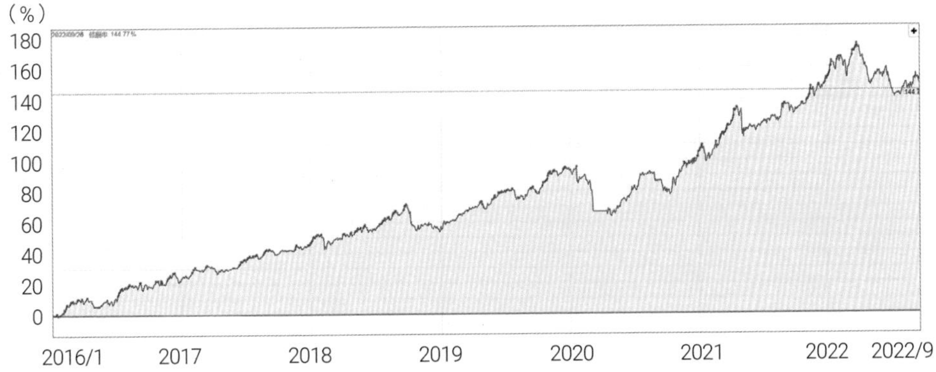

資料來源：XQ 全球贏家

外資 突破搭配連續買超 績效表現亮眼

首先，我們針對「外資籌碼」鎖定的個股來設計基礎濾網並進行策略回測，同時也必須有明確的交易訊號（條件），否則選出來後沒有進行買賣交易，這樣也無法統計績效。我採用前面歸納出來的「突破策略」建構訊號，並執行回測。

科學驗證 A 外資近一週買超大於 1,000 張是否能帶來獲利？

外資開始進場布局，搭配簡單的突破策略來交易，從回測報表上發現交易次數達 1,330 次，交易相對頻繁，勝率達到 58.57%，總體報酬率 92%，表現中規中矩。以風險角度來看，最大連續虧損為 –14.68%，算是風險偏高的策略，顯示濾網可以稍微參考，但建議再搭配其他指標過濾雜訊。

科學驗證 B 外資近一週買超排行前 50 名是否能帶來獲利？

這個回測，從外資進場布局股數的排行榜，找到外資積極買進的標的。從回測報表上發現交易次數 542 次，相較於上一個策略回測的筆數降低不少，而勝率高達 66.24%，總體報酬率 144.77%，所以想要更有效率地使用外資籌碼，或許從買超排行來捕捉更有效率。就風險角度來看，最大連續虧損僅 –10.8%，算是風險偏低且報酬優異的一個策略。

科學驗證 C ▸ 外資連續買超 3 天以上是否能帶來獲利？

- 回測期間：2016/1/1 ～ 2022/9/26
- 回測標的物：外資連續 3 天以上買超的上市櫃普通股
- 回測交易條件：創下 100 日新高，且波動不超過 30%
- 交易成本：手續費來回共 0.4%
- 停利與停損：各設置 7%

總交易次數	3,082	勝率	60.25%
獲利次數	1,857	虧損次數	1,225
總報酬率	130.04%	平均報酬率	0.04%
最大獲利率	16.97%	最大虧損率	–14.22%
最大連續獲利率	9.96%	最大連續虧損率	–12.11%
最大區間獲利率	156.72%	最大區間虧損率	–16.26%

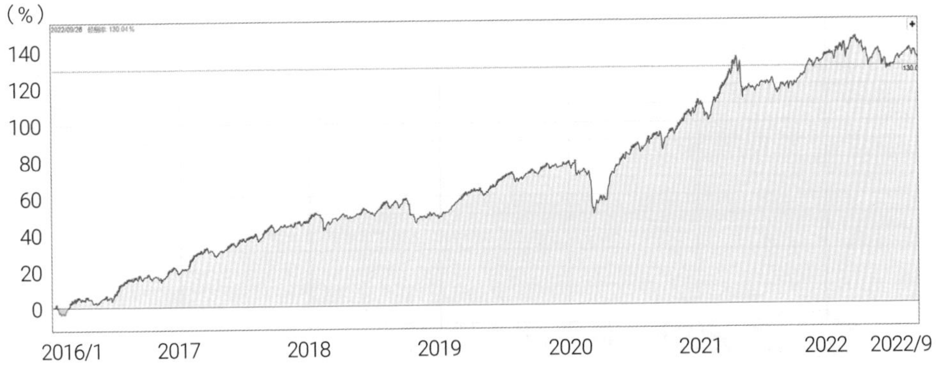

資料來源：XQ 全球贏家

科學驗證 C 外資連續買超 3 天以上是否能帶來獲利？

再換個思維來判斷外資籌碼，假設外資連續 3 天買超，是否具備有更好的績效呢？回測報表上可以發現交易筆數高達 3,082 筆，算是相當頻繁交易的次數，而高頻率交易下勝率還能維持 60.25% 的好成績，總報酬也有 130.04%。最大連續虧損則是 –12.11%，算是中規中矩，沒有特別亮眼但也還可以接受。

從上述數據可以發現，外資買賣超對於突破訊號來說有加分效果，單純只有突破訊號的話，可能會有更多雜訊出現，不論是交易筆數或者是選股質量都有差異，但加上外資的籌碼邏輯進來後，一樣執行突破策略，可以發現交易筆數開始下降，且整體績效、勝率表現變得更好了。

所以讀者在建構策略的時候，可以把外資籌碼加入模組進行回測，或許能改善你的策略績效。

投信 連續一週買超 報酬最佳

接下來，我們針對「投信籌碼」設計基礎濾網，同樣使用「突破策略」建構訊號並進行回測。

科學驗證 D ▸ 投信近一週買超大於 300 張是否能帶來獲利？

- 回測期間：2016/1/1 ～ 2022/9/26
- 回測標的物：投信近一週買超大於 300 張的上市櫃普通股
- 回測交易條件：創下 100 日新高，且波動不超過 30%
- 停利與停損：各設置 7%
- 交易成本：手續費來回共 0.4%

總交易次數	619	勝率	60.1%
獲利次數	372	虧損次數	247
總報酬率	111.61%	平均報酬率	0.18%
最大獲利率	12.43%	最大虧損率	–13.95%
最大連續獲利率	7.68%	最大連續虧損率	–11.11%
最大區間獲利率	155.13%	最大區間虧損率	–16.06%

資料來源：XQ 全球贏家

科學驗證 E ▸ 投信近 10 日買超排行前 50 名是否能帶來獲利？

- 回測期間：2016/1/1 ～ 2022/9/26
- 回測標的物：投信近 10 日買超排行前 50 名的上市櫃普通股
- 回測交易條件：創下 100 日新高，且波動不超過 30%
- 停利與停損：各設置 7%
- 交易成本：手續費來回共 0.4%

總交易次數	626	勝率	59.11%
獲利次數	370	虧損次數	256
總報酬率	95.11%	平均報酬率	0.15%
最大獲利率	15.19%	最大虧損率	–13.87%
最大連續獲利率	5.98%	最大連續虧損率	–8.34%
最大區間獲利率	124.78%	最大區間虧損率	–13.9%

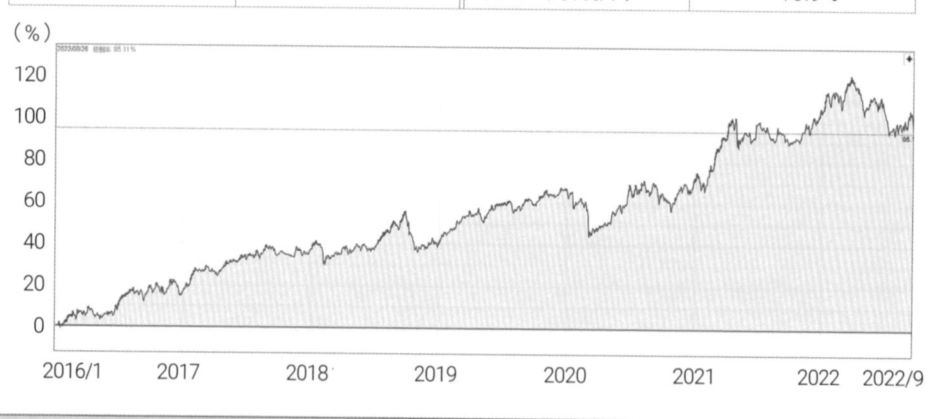

資料來源：XQ 全球贏家

科學驗證 F ▸ 投信連續 3 天以上買超是否能帶來獲利？

- 回測期間：2016/1/1 ～ 2022/9/26
- 回測標的物：投信連續 3 天以上買超的上市櫃普通股
- 回測交易條件：創下 100 日新高，且波動不超過 30%
- 停利與停損：各設置 7%
- 交易成本：手續費來回共 0.4%

總交易次數	552	勝率	60.14%
獲利次數	332	虧損次數	220
總報酬率	106.88%	平均報酬率	0.19%
最大獲利率	12.4%	最大虧損率	–12.14%
最大連續獲利率	5.96%	最大連續虧損率	–12.05%
最大區間獲利率	147. 9%	最大區間虧損率	–15.54%

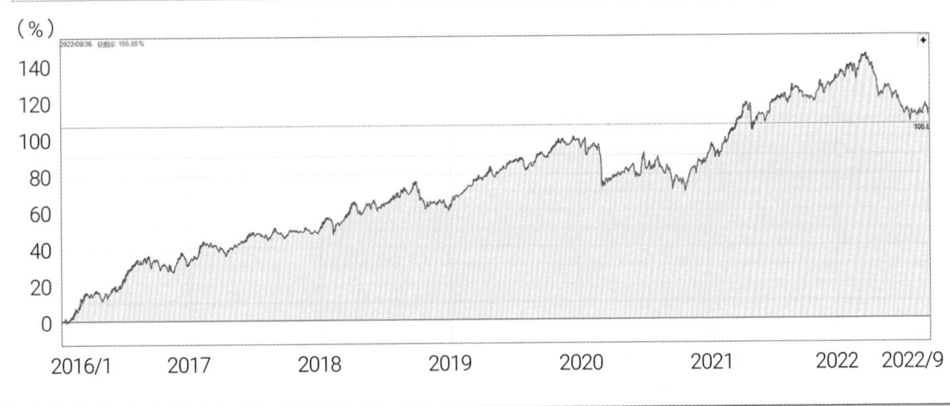

資料來源：XQ 全球贏家

科學驗證 D 投信近一週買超大於 300 張是否能帶來獲利？

投信開始布局的股票，設定條件為近一週買超大於 300 張的標的。觀察一下回測報表可發現，交易次數 619 次，勝率達到 60.1%，總報酬率也有 111.61%，從績效的角度來看具有一定水準。最大連續虧損僅 -11.11%，算是風險相對偏低的一個策略。

科學驗證 E 投信近 10 日買超排行前 50 名是否能帶來獲利？

設定投信買超排行的交易條件，主要是用來捕捉投信積極卡位的個股，觀察回測報表可以發現，交易次數 626 次，勝率達到 59.11%，總報酬率達 95.11%，績效表現看起來普通，不過最大連續虧損僅有 -8.34%，風險控制相當優異，以獲利對照風險來看，可以接受。

科學驗證 F 投信連續 3 天以上買超是否能帶來獲利？

最後來測試看看，投信連續買進的標的是否具有更好的績效。觀察回測報表，交易次數達 552 次，勝率 60.14%，總報酬率 106.88%，表現都在一定水準之上。就風險角度來看，最大連續虧損 -12.05%，還可以接受，因此投信連續買進的個股可以多做留意，也是一個正報酬的策略。

加入籌碼濾網後，可以發現總交易次數出現大幅度下降，也就是更有效地過濾交易訊號。實際上我們也發現，不論在勝率或者是單筆平均報酬率上，都比原先僅有「單純突破與限制股價位階」的績效來得更好，顯示這樣的濾網確實能協助投資者提高報酬率，增加每一筆交易的質量，你在組建策略的時候就可以拿來運用。

小路真心話

籌碼面的濾網可以有效增加股票短線發動的能力，從數據上來看，也發現績效都能提供正期望值的操作機會。不過整體來說，要讓你的策略有質量上的顯著提升，依舊得依靠多面向的因子，基本面、技術面、籌碼面都不能偏廢，才能擷取每個面向的優勢，組建出更強大的策略！

Chapter | 04

建構屬於自己的策略：進階篇

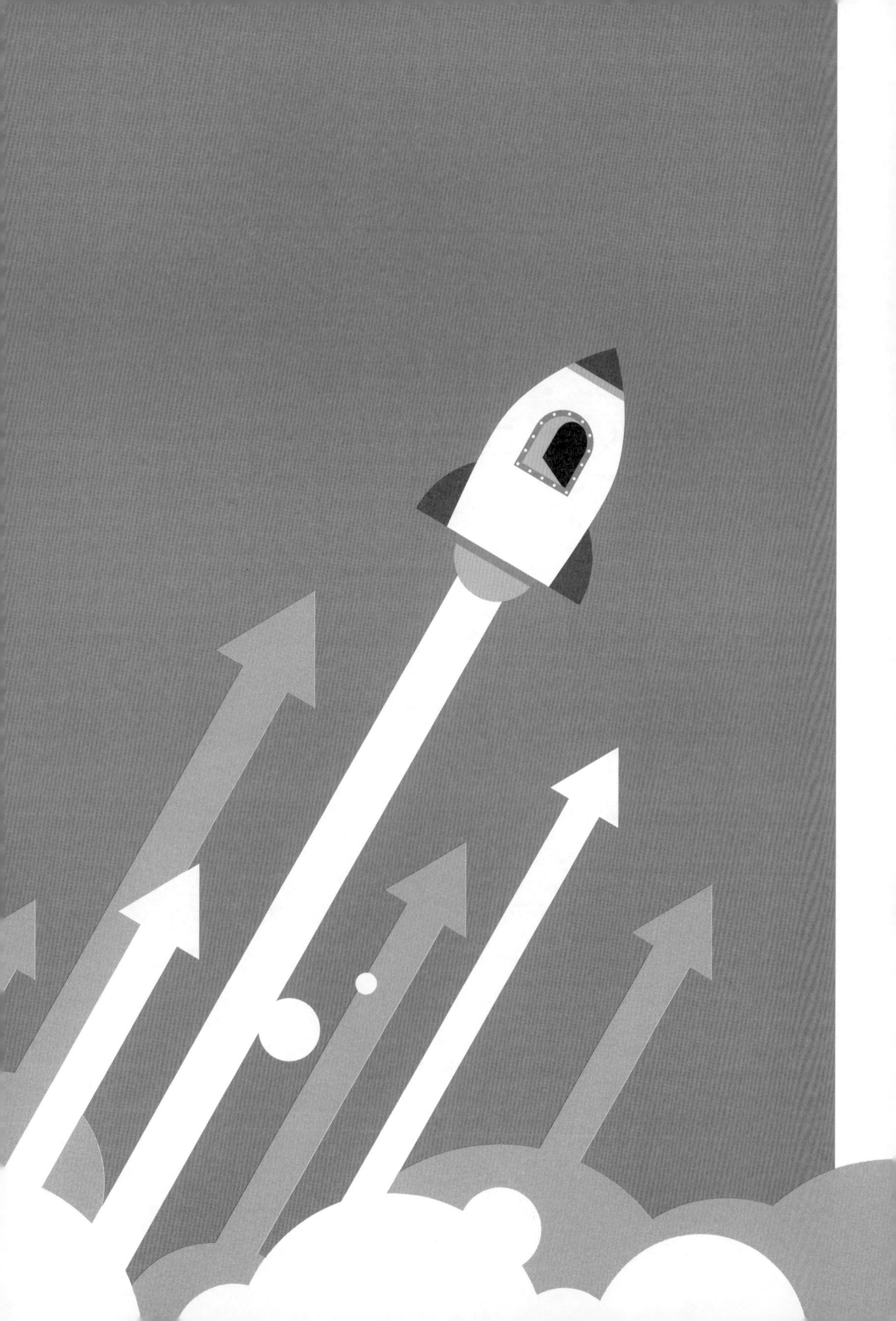

4-1

大道至簡 策略不是越複雜越好

設計一套策略，是否應該精雕細琢到最精密複雜呢？我相信這是很多投資人剛開始設計策略時會有的想法，想要把基本面、技術面及籌碼面因子通通納入策略，而這樣的想法其實非常危險。

舉例來說，你今天設計了一個非常精密的策略，這個策略是根據歷史經驗與數據所歸納出的結論，實際上你要知道一件事情：「歷史絕對不會 100% 重演，但很可能高度重複出現。」因此當你根據歷史數據歸納出一套策略的時候，我會建議必須嚴格控制「因子數量」。

也就是說你不能使用一堆指標、一堆濾網來設計策略，因為一旦市場與歷史有那麼一點點不同，你的策略就會完全喪失適應的能力，也就是「策略穿透性」極差。通常這種過多因子的投資策略，都會遇到「歷史回測猛如虎，實戰上線大幅虧損」的窘境。

因此，複雜的策略真的是具有潛力的嗎？在歷史回測上是有獲利能力沒錯，但是在實際操作就會有很大的盲點出現，接下來繼續探討策略複雜性與未來獲利潛力的關係，你就會明白，策略不是越複雜越好。

小辭典

策略穿透性

指策略面對未來不確定行情的抵抗能力，一般來說策略越簡單，穿透性越高；越複雜的策略，穿透性越低。投資者可以透過「機器學習」的概念設計策略並執行回測，以檢視策略的穿透性。

例如，可以利用 2010 ～ 2015 年的歷史數據進行策略開發，策略開發完畢後，再把策略拿去測試 2016 ～ 2022 年的歷史數據。對於這套策略來說，2016 ～ 2022 年屬於「未知的未來行情」，可以藉此檢測該策略在不確定的未來是否依舊具備獲利能力。

如果你的策略能在歷史行情（2010 ～ 2015 年）中獲利，面對未知行情（2016 ～ 2022 年）卻出現大幅虧損，代表策略穿透性不夠簡單，這也是在策略實際上線前的一個觀察重點喔！

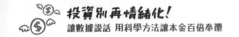

解開盲點 歷史行情不代表未來

我記得有次在教學時，看到一位學員的看盤介面琳瑯滿目，大概有「10 個技術指標」，你沒看錯，就是 10 個這麼多。當下我好奇的是這麼多指標，到底要怎麼去定義交易訊號？

這個學員給的答案也很妙：「小路，我也不知道！有時候看 MACD 指標，有時候看 KD 指標，不過大多數都是看哪個指標比較順眼，就決定以那個指標來操作！」當下我就知道，我可能需要關心一下這位學員後續的操作狀況。我相信這不是個案，不少投資者應該都參考了一堆指標，把畢生所學的分析方法全部貼到盤面，試圖把所有經驗囊括到每一筆交易當中。

首先，我必須說這樣的立意是好的，把自己的所學經驗濃縮並應用在盤面上是非常好的做法。但問題在於，你並沒有去驗證每一個指標是否都具備良好的效度，更多時候你只是利用片段化的學習資源，僅僅嘗試 1、2 筆交易，有獲利後就定調這個指標具備好的操作績效，並把它納入自己操作時的重要參考。

過度信賴單一指標，其實也跟投資體驗有關，例如你今天使用 A 方法賺到了一檔個股，你自然會對 A 方法產生正面評價，但實際上你也不確定 A 方法這次是運氣好，剛好符合盤勢調性，還是真的長期能夠提供你不錯的正期望值。

這也是為什麼我建議讀者，對於自己學習到的指標及策略，一定要做過科學分析，否則當你拿到這把武器的時候，不確定它是把鋒利的武器，或是一把生鏽的武器，就貿然上戰場，不只武器本身的效度充滿疑慮，心態上也會忐忑不安！

另外，一大堆指標看似幫你嚴格過濾行情，實際上可能會陷入「參數最佳化」的盲點當中，實際上只會讓你對歷史行情過度倚靠，策略效度肯定極差！

小辭典

參數最佳化

為了獲得最好的策略而不斷調整參數，以達到理想中的設計目標。但用在歷史行情的回測上，有時候卻是最大盲點之一。

舉例來說，當你在規劃策略的時候，可能會針對歷史行情精雕細琢，使用過多的濾網嚴格篩選訊號，試圖把歷史行情的績效做到最好，這件事情本身並不困難，不過容易讓策略規劃者產生錯覺，以為自己找到了能夠創造巨額報酬的交易方法，卻忘了這只是「過去」的行情，不代表「現在」與「未來」。

由於你的策略參數只針對歷史行情最佳化，應用到未來的行情就會充滿不確定性，也有可能遭遇大幅虧損，因為市場的環境會不斷變化，你的回測結果應用在未來就有可能失真。因此要避開參數最佳化，必須先讓你的策略簡單化。

真正能獲利的策略 3 種因子就夠了

那要怎麼去設計我們的武器（策略）比較好呢？從最簡單的策略開始設計是不錯的想法。在設計策略的時候，基本上我會建議讀者「至多」選擇「3種因子」來設計，指的是從基本面、技術面、籌碼面 3 種分析面向，挑出你想要的 3 種因子，且最多只能用這些來設計你的交易策略。之所以設限就是要避開過多因子而導致的參數最佳化問題，同時也能夠有效提高策略的穿透性。

舉個例子來說，利用「創 100 日新高且波動不超過 30%」的買進交易策略，並設置一個固定比例的停利停損點，透過歷史行情的回測可以發現報酬率達 107.3%（見 3-4 科學驗證 F），不需要選股就可以創造出正期望值的交易，那麼「創 100 日新高且波動不超過 30%」就會是一個很好的濾網，因為簡單就可以獲利，代表這是一個穿透性不錯的因子。

如果我們未設定股價位階（沒有限制波動），單純從技術面策略進行回測，就會發現交易次數非常多，這在實際交易的過程中就會碰到一個大問題，因為資金有限，根本無法操作這麼多檔個股，加上濾網只有 1 個而已，所以還有很多優化的空間，以提升每一筆交易的質量。

接下來就可以根據自己的投資風格再去做設計，如果你是比較喜歡投資具備基本面的好公司，可以新增基本面的投資濾網，建構你的第 2 個因子；又或者你比較喜歡有籌碼大咖主力進駐的個股，那麼籌碼面也是你可以考慮加入策略的因子。

想要綜合分數高、每種分析面向都考慮到的投資者，你就從基本面、技術面、籌碼面中各挑選出 1 種因子來設計，那麼就會有多面向的分析保護，同時也符合最多 3 種因子的設計限制。

小路真心話

很多投資人在設計策略的時候，會把畢生所學的參數指標都加入選股條件當中，實際上過多的選股條件，會導致策略連 1 檔股票都選不出來，就算選出來也不一定代表這檔個股特別強勁，可能只是剛好符合策略邏輯而已，這樣的策略在面對未來行情不確定時的表現極差，因此至多使用 3 個因子來設計選股，是很重要的關鍵！

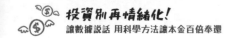

回測沒有及格這件事 適合最重要

當你建構好專屬於自己的策略，實際上在進行回測時，怎樣的結果才算及格？我認為這個問題沒有答案。

在回測報告中，我們可以看到勝率、報酬率、最大連續虧損、交易次數等數據，以及相當重要的報酬率曲線圖，讓你知道策略盈虧的路徑。實際上每個人可以接受的勝率並不相同，能夠忍受的最大連續虧損率也不一樣，因此進行策略回測的時候，只要你可以接受報告上的數據，這就會是一個屬於你的合格交易策略。

舉例來說，一個勝率高達 80% 的交易策略，但績效（報酬率）卻輸給了勝率僅 60% 的交易策略，身為投資人的你該怎麼選擇？其實沒有答案。

如果你是一個看重勝率的投資者，勝率 60% 與 80%，自然會優先選擇 80%，即使報酬率比較低；或者你是一個看重績效的投資者，勝率就不會是你的優先考量，會選擇報酬較高的交易策略，一切都取決於你對交易的想像，舒適度很重要，畢竟投資者要與策略共同應戰市場。

4-2

手把手教學 從選股到回測建構策略

我們已經了解有哪些因子有利於股價上漲，也透過量化科學的數據獲得驗證，相信讀者們對於組合出屬於自己的策略已經有些概念。

這時候你就可以整合想法，把策略邏輯設立到「XQ 全球贏家」這套電腦版軟體當中，透過歷史回測來驗證你的想法到底有沒有獲利潛力。

具體該如何操作？我將從選股策略開始，帶領大家實際操作 XQ 的回測功能，你就能使用同樣的方法建構出屬於自己的策略囉！

步驟① ｜ 設置選股策略

首先，可以先認識自己的交易風格，以我個人來說，我喜歡投資的個股，都是具有實質獲利能力的好公司，在歷史量化數據當中，也證實這些公司能夠提供長期較好的投資報酬率。

從第 3 章分享過的基本面因子來看，可以挑選「價值因子」、「獲利因子」等作為參數選項。在獲利因子的部分，我選取「EPS」作為參數，這會是基本面過濾的第一層濾網，選出來的個股，基本上就會是具備獲利能力的好公司（當然好公司不代表股價一定上漲，只是機率的問題）。

首先，你要下載 XQ 全球贏家（google 即可找到免費下載點），安裝完成後打開軟體並申請一個帳號，就可以使用免費功能。進入介面後，在首頁上方工具列找到「❶策略」，點選至「❷選股中心」，非付費會員會跳出無法使用完整功能的提醒，忽略它即可，免費的功能就很好用。

進入選股中心後點擊「❸新增」，就會跳出「新增選股策略」的畫面。我們先將策略名稱設定為「❹EPS 創 12 季新高」，接著在「❺選股條件」當中，搜尋「eps」找到「每股稅後淨利（元）（季）」的預設條件，❻在右邊設定創 12 季新高後，

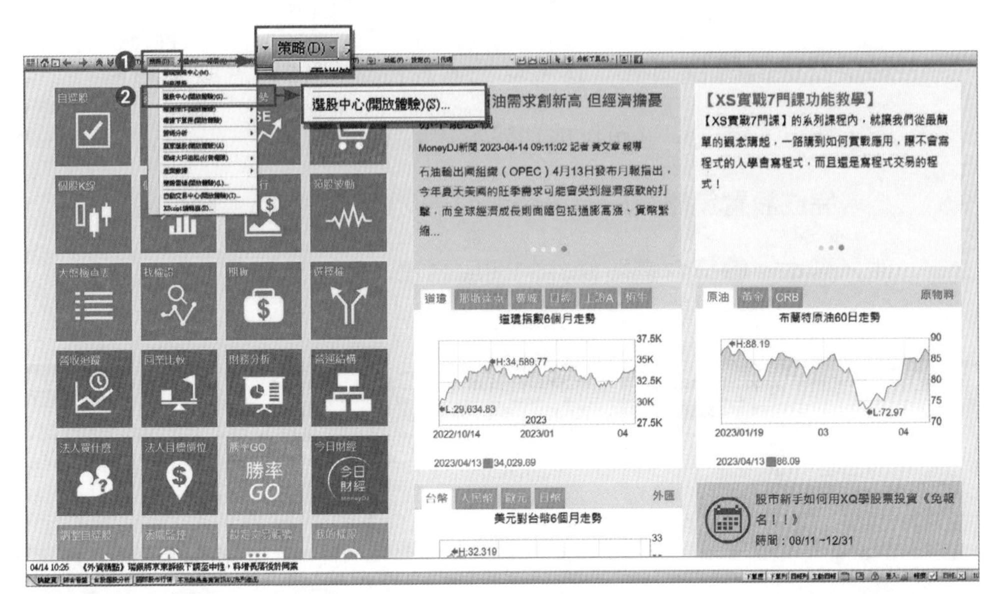

資料來源：XQ 全球贏家

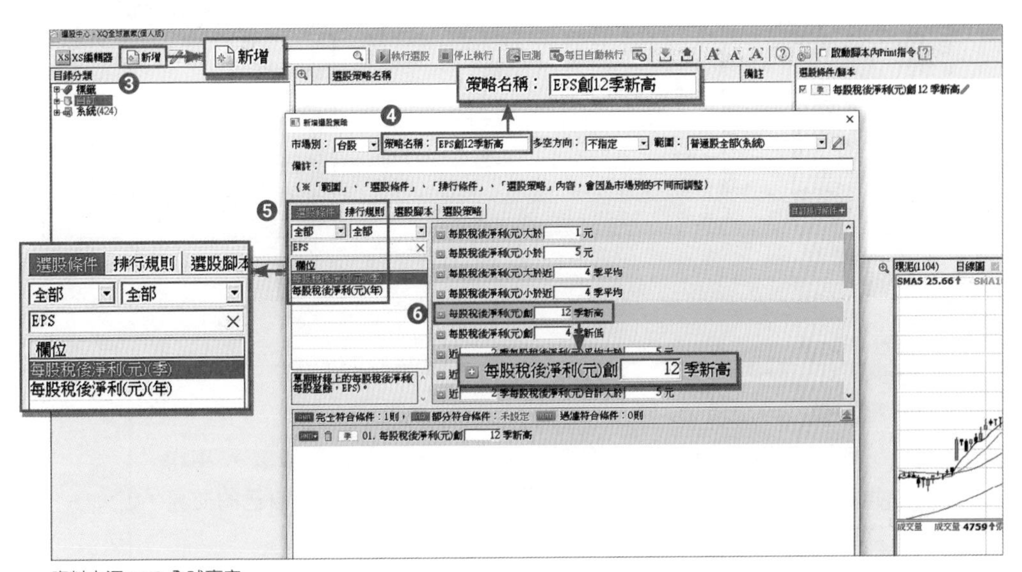

資料來源：XQ 全球贏家

點擊左邊的綠色加號，就可以把條件添加到你的選股策略當中，按下「完成」就可以成功設置選股策略囉。

完成設置策略後的系統介面如下：❶選股策略、❷選股條件／腳本、❸符合選股條件的個股名單（策略選股池），以及

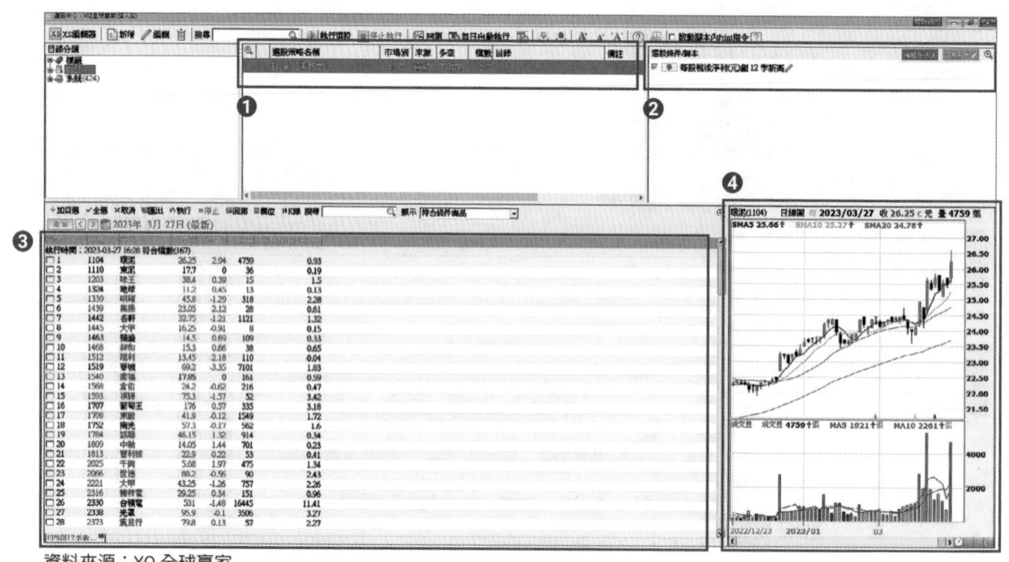

資料來源：XQ 全球贏家

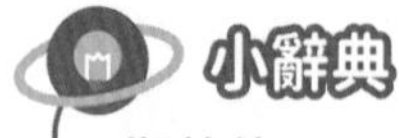

期望值

每一次出手預期可以獲得多少收益，計算公式為（勝率 × 平均獲利金額）－（敗率 × 平均虧損金額），即可計算出自己的交易期望值。期望值為正的交易，才有繼續執行的必要。

❹策略選股池內的個股走勢。畫面中策略選股池內的個股皆符合「選股條件」，這時候不必挑選單一個股進行回測，因為長期來看符合策略的個股，每一檔進場的期望值都相同。

步驟② ｜ 設置交易條件

設置好選股策略之後別忘了，還要設定「操作條件」才可以進場交易，一套具備邏輯與正期望值的選股策略，也需要有好的交易方法來操作，好的選股策略加上操作條件篩選後，應該只會幾檔個股，如果你的策略選股池有非常多股票，結合操作條件後依舊相當多（10 檔以上），代表你的選股濾網太過鬆散，建議再把條件設置更嚴謹，可以透過調整參數等方法，避開過多的錯誤訊號。

舉例來說，假設你原先設置的條件為「營業毛利率創近 4 季新高」，可以把條件設置更加嚴格，變成「營業毛利率創近 12 季新高」，如此一來，符合條件的個股就會大量減少，更能篩選出更優質個股。

接著就來建構交易的訊號，我使用最基本的「突破交易」，以「創下 N 日新高且波動度低」作為突破交易的訊號。該如何設定交易條件呢？投資者可以在 XQ 首頁上方工具列找到「❶策略」，點選至「❷ XScript 編輯器」。

進入編輯器後，點選「❸新增」圖示開啟「新增腳本」，

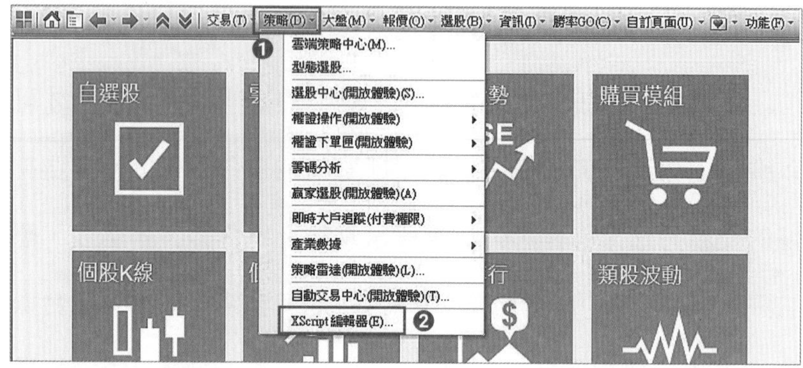

資料來源：XQ 全球贏家

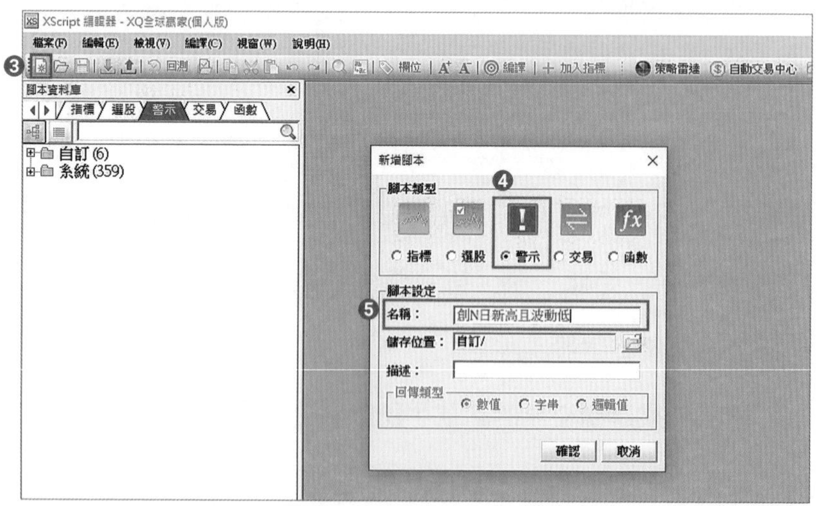

資料來源：XQ 全球贏家

❹腳本類型選擇「警示」，❺名稱輸入「創 N 日新高且波動度低」後按下確認，並把❻程式碼貼上，❼按下「編譯」鈕確認程式碼無誤，即可完成交易條件的建構。

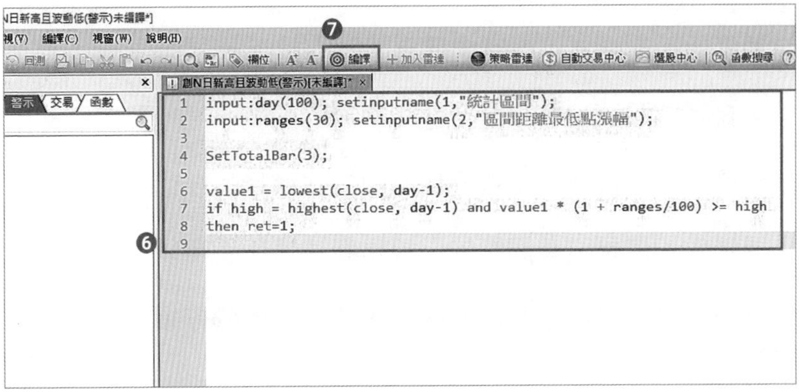

資料來源：XQ 全球贏家

「創下 N 日新高且波動度低」的程式碼

```
input:day(100); setinputname(1," 統計區間 ");
input:ranges(30); setinputname(2," 區間距離最低點漲幅 ");

SetTotalBar(3);

value1 = lowest(close, day-1);
if high = highest(close, day-1) and value1 * (1 + ranges/100) >= high
then ret=1;
```

接下來，回到「選股中心」介面，在❶左邊「自訂」資料夾中，點選剛剛設計好的❷選股策略（EPS 創 12 季新高），按右鍵選「加入策略回測」，就會跳出執行回測的畫面，在❸進場設定這邊再加入設計好的腳本，也就是「創下 N 日新高且波動度低」的腳本，即完成進場訊號的設定。

有了選股策略，也有了進場交易的訊號，最後要設計的就是出場方式，很多投資者喜歡使用各式各樣的技術面訊號作為出場條件，這是沒有問題的，只是我建議新手可以先讓自己的交易簡單化，只要根據風險報酬設計，例如❹停損與停利各是

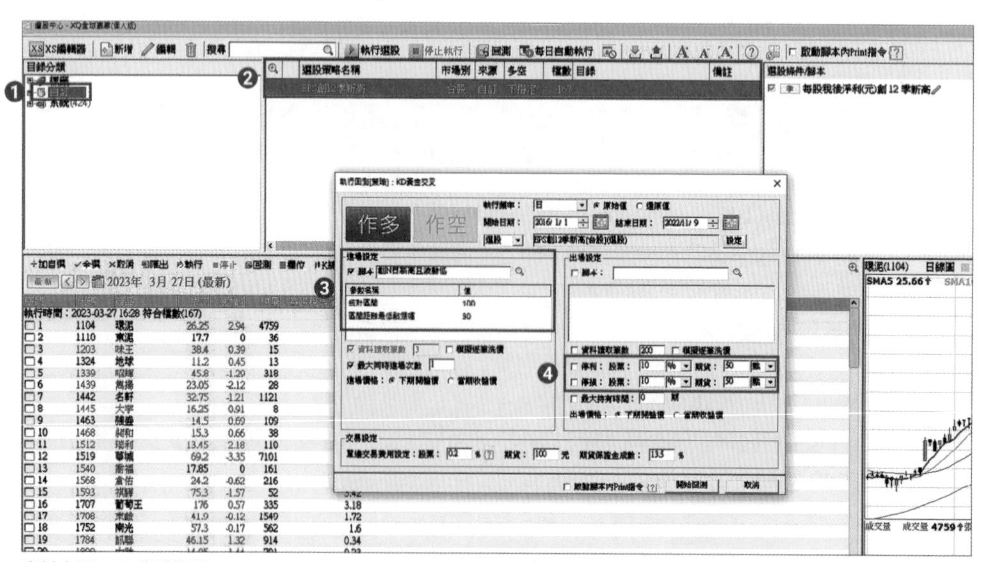

資料來源：XQ 全球贏家

7% 或 10%，就可以讓自己的風險更加可控，你的投資信心才會更加穩健。

接下來，在按下「開始回測」前，先來介紹執行回測的視窗細項。

步驟③ ｜ 進行歷史回測

建構完策略後，正式應用在投資操作前要驗證一下，看看

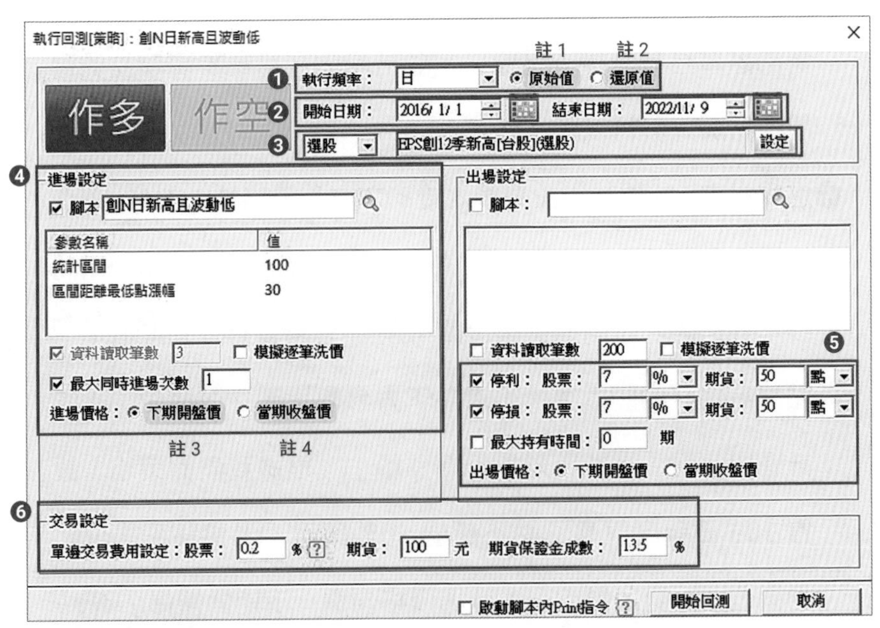

資料來源：XQ 全球贏家

註 1：原始值：指股票在 K 線上顯示的價格，會受到除權息、減資、增資等影響而出現跳空，可能因此失真。

註 2：還原值：把除權息、減資、增資的部分納入考量，重新計算股票價格，也就是把跳空缺口全數還原計算，讓價格連貫。

註 3：下期開盤價：代表當策略觸發時，會在下一根的 K 棒的開盤價進出場。

註 4：當期收盤價：策略觸發時，會以當根 K 棒的收盤價為進出場。一般來說為了讓回測更加符合現實狀況，會選擇「下期開盤價」作為參考依據，更加符合實際上的狀況。

這樣的方法在歷史行情是否具備正期望值。

❶**執行頻率**：就是你要以什麼樣的 K 線週期來回測，這邊可以選擇「日、週、月」，根據自己的使用需求來選擇就可以了，大多數投資者都是透過日線級別操作，我也是以日線為主，因此這邊就選擇「日」，後面選擇原始值即可。

❷**選擇回測時間段**：我以「2016/1/1 ～ 2022/11/9」作為回測時間。

❸**選擇回測的標的物**：這裡就是前面設定的選股條件，因此左邊的選單直接選擇「選股」，並把剛剛在第一步驟建立的選股策略加入就可以了。

❹**進場設定**：完成基礎設置後，接下來進入策略核心部分：「進場設定」與「出場設定」。先來進行進場設定，選擇使用的腳本就是剛才規劃的進場策略「創 N 日新高且波動度低」。點擊設置好的腳本後，可以在下方參數找到 2 個欄位：「統計區間」與「區間距離最低點漲幅」，根據我們的策略，設置 100 日新高與高低點不超過 30% 即可（滑鼠移到「值」的欄位，可更改數字），進場價格勾選「下期開盤價」。

❺**出場設定**：單純使用停利與停損來設計即可，因此腳本的部

分不需要打勾，直接勾選下方的「停利」、「停損」2 個欄位，並且都設置 7%，同時下方的出場價格記得勾選「下期開盤價」。

❻**交易設定**：也就是要設定回測的交易成本，很多在市場上流傳的回測圖形，尤其是績效很亮眼的回測報表，有部分是因為根本沒有設置交易成本而導致的假象，是很不切實際的做法。所以一定要根據現實狀況來設計，回測才會有意義。因此這邊設定單邊的交易成本為 0.2%，一買一賣來回的交易成本為 0.4%，以此作為回測背景。

實際上交易成本為證券交易稅 0.3% ＋手續費 0.1425%，而電子下單的手續費現在大多數都是打 6 折起跳，因此整體的交易成本約 0.3% ＋ 0.1425%×0.6 ＝ 0.3855%，因此回測設置單邊 0.2% 是最基本的狀況。

完成所有設置就可以按下「開始回測」，就可以耐心等待數據回測結果囉！經過回測，可以發現在 2016/1/1 ～ 2022/11/9 這段歷史行情當中，這個策略是有利可圖的，勝率為 63.38%，報酬率達 171.37%，而這還只是透過一個因子來選股所做出來的歷史回測績效。

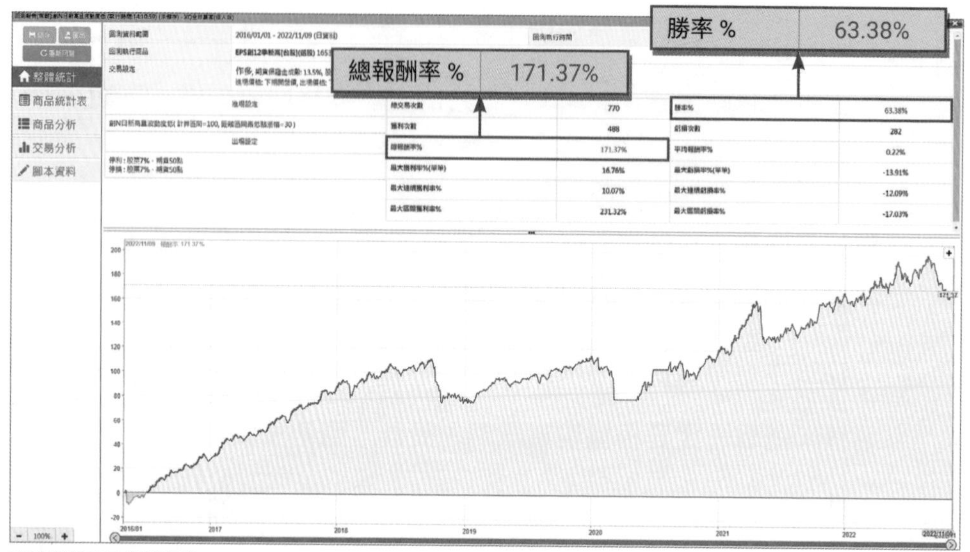

資料來源：XQ 全球贏家

既然經過歷史驗證了，可以直接把這套策略送上戰場了嗎？答案是否定的，實際上在回測的時候，還會有一些盲點與誤區存在，下個章節來看看究竟還可以如何精進、驗證策略吧！

回測有陷阱 避免成為孤島

所謂的歷史回溯測試，是我們基於歷史已知行情去驗證策略效度。但是我們需要思考：策略是怎麼規劃出來的？是否根據自己的想法，並透過歷史回測所歸納出來的結果來規劃呢？

在這樣的模式下，我們可以持續優化交易參數，例如創新高的天數、基本面創高的期數、籌碼面的買超數量等，都是因為我們已知歷史的行情，因此希望能在回測數據上取得最佳成果。這是大多數人回測時會使用的方法，但也有可能陷入回測數據最佳化的陷阱。

我記得以前在網路上有一些文章，會亮出非常驚人的回測曲線，像是淨值曲線 45 度往右上角持續發展，績效好到讓人覺得可以買下整個地球般的詭異。但深入了解這些策略的內涵後，就會發現其實那是根據已知的歷史行情，透過部分程式碼來避免虧損，進而創造優異的回測績效。聽起來可能有點玄，我來舉個例子讓大家更容易了解。

2020 年前 3 個月，全球股市因為 Covid-19 疫情發生崩盤，所有風險資產都出現大幅拋售，短短 3 個月全球主要股票指數都下跌 30% ～ 40% 左右，市場瀰漫著一股恐慌氣氛。

所有的做多交易策略在那段時間都無法避免虧損，因此進行回測時，只要透過程式碼「避開 2020 年 1 ～ 3 月的交易訊號」，這個回測績效就會大幅攀升，原因很簡單：因為你已經知道那段歷史行情的結果了。

回測很美好 實戰卻很殘酷

所以有時候你看到一張很厲害的回測績效圖，不用開心得太早！這種情況多半是在回測邏輯與過程中做了手腳，才會有如此誇張的績效。這樣聽起來回測問題多多，那還有參考價值嗎？我可以肯定地說，絕對是有的！只是你必須學習如何透過技巧優化，讓回測報表更加具備效度，同時又能經得起時間的挑戰。

當你建構好策略開始上戰場時，可能會發現一個問題：奇怪，回測數據的勝率不是有 70% 嗎？期望值也是正值，為什麼策略操作 2 個月了，都沒有看到相對應的成果？這件事情可以分 2 個層面來探討。

原因 ❶ ｜ 時間不夠長

回測中你可能統計了數年的數據，而這些統計數據是「整段時間」的平均結果。

你在實際交易中使用策略僅 2 個月的時間，確實是不夠長，因此績效與長期統計數據就會出現一些乖離的狀況，有可能表現特別好，也有可能表現特別糟。實際上拉長時間來看，數據終將回歸長期應該有的狀況。

因此，要用短短 1 ～ 2 個月的交易狀況來驗證長期策略的整體績效，我認為可能會因為樣本數不夠多，導致策略無法真正發揮效果。這時候需要更多時間、做出更多筆交易，才能達成最終長期的績效目標，並與回測結果大致符合，也就是給予

小辭典

大數法則

又稱為大數定律，指在大量獨立且具有相同機率的隨機試驗中，試驗次數越來越多，樣本平均值趨近於期望值的概率就越來越高。

舉例來說，我們持續擲單個骰子，隨著投擲次數增加，擲出的數字平均值越來越趨近於 3.5，這是因為骰子的點數期望值為 3.5（1 ＋ 2 ＋ 3 ＋ 4 ＋ 5 ＋ 6 ＝ 21，21÷6 ＝ 3.5）。

大數法則的重要性在於，它說明了一些隨機事件的平均值具有長期穩定性。在重複試驗中，隨著試驗次數增加，事件發生的頻率趨於穩定值，最終的結果也會逐漸接近期望值。

策略多些時間來驗證，讓大數法則發揮作用，使策略回歸到它原本該有的水平。

原因❷｜策略過度最佳化

第 2 種可能性我認為最大，因為大多數投資者在建構策略時，都會想盡辦法在歷史回測上找到最佳參數。舉例來說，我們用「創下 100 日新高且波動不超過 30%」這組參數作為交易訊號，這時候很多投資者就會開始測試創 101 日新高、創 102 日新高……是否會有更高的報酬率。

正是因為這樣，坊間很多投資達人的交易參數非常特別，例如「創 134 日新高」這樣的數據，我一眼就知道這是參數最佳化的產物，之前可能已經回測過所有參數，從中找到數據最佳的組合。

這些特殊的最佳化參數「通常」會有一個問題，就是應對未來市場不確定性的能力極差。換句話說，創 134 日新高是歷史最佳解答，但並不代表未來市場也適用這個交易條件，你可能使用創 135 日新高的設定，卻發現績效大相徑庭，這在邏輯上就說不通，沒理由差 1 天創新高，績效就出現如此巨大的差異。

所以更有可能的原因是，「創 134 日新高」只是你在測試某段歷史行情時偶然出現的結果，實際上並非是最佳參數。在這樣的情況下，你就落入了參數最佳化的陷阱，後續我會教讀者如何避開這樣的陷阱。

善用 3 個方法 避開策略回測陷阱

新手剛開始建構策略的時候，容易掉入回測的陷阱，正如前面所提到的，因為我們已經對於歷史某段行情的趨勢與慣性深入了解，所以很容易根據歷史走勢寫出獲利策略，但這也是新手容易被回測誤導的時期，這時候就需要掌握一些技巧。

方法❶｜善用機器學習

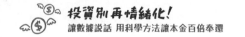

機器學習是透過演算法來分析數據。首先，將所有歷史數據切成「訓練資料」與「驗證資料」，也就是透過訓練資料來建立交易策略的模型，進而從歷史數據中建構出最基本的策略操作模型。

切割的數據比例可以用 5：5 分成 2 組資料，舉例來說，如果取得的歷史資料是 2010 ～ 2020 年（共 10 年），可以先擷取前面的 5 年（2010 ～ 2015 年）作為訓練資料，再使用後 5 年（2016 ～ 2020 年）的資料來驗證策略的可行性。

如果使用前 5 年的數據來開發、回測策略，對於這支策略來說，後面 5 年的數據其實就是「未來行情」。如果前 5 年的歷史數據你已經開發完畢，且回測結果是自己非常喜歡且能接受的狀況，理論上也可以透過同樣的策略去測試後 5 年的行情。

如果「訓練資料」與「驗證資料」透過歷史回測都能夠維持正報酬的話，這個策略就可以得出結論：既可以在歷史行情中獲利，未來也同樣具備獲利潛力，那麼實戰操作的效率就會大幅提高。

許多交易者在這個環節會發現，自己在歷史數據中精心鑽研的策略，在遇到「未來行情」時卻無法維持獲利，這是因為過度最佳化歷史數據已經給出了答案——策略只針對過去，導致你在設計策略時忽略了未來行情。

小路真心話

就機器學習的概念而言，大多數策略都無法通過切割資料後的回測，因為要讓一個策略能夠適應未來的市場行情並不容易。因此，你的策略必須先通過嚴苛考驗，才有機會應用在實際操作，當你的策略都能滿足「訓練資料」與「驗證資料」時，才具有拿真金白銀到市場操作的價值。

方法❷｜回測數據優化

當你設計出一套工具後，一定會希望它更加完善，這時候可以透過回測數據的持續優化，使它更加精準。接著要面臨的難題就是參數設置，例如要設定「創幾季新高」的基本面數據才最適合？股價要「突破幾日新高」才能達到最好的績效？

在參數設置階段，不少投資者會利用回測工具，手動測試每個參數的效果，例如從創 100 日新高、創 101 日新高、創 102 日新高等逐一測試，每當發現一個表現不錯的參數，心裡都會沾沾自喜，好像找到了財富密碼，這種時候就要小心，不要落入「參數最佳化陷阱」。

我們確實可以從歷史數據中找到 1 組最佳的獲利參數，但你得意識到：歷史不會 100% 重演，也就是說，**即使在歷史數據中找到了最賺錢的方法，那只也能說明這個方法在歷史上可以帶來獲利**。

你需要注意的是，這些參數僅適用於歷史，不適用於未來，因為你只是針對歷史數據進行最佳化，容易大幅降低策略對未來行情的穿透力。

至於如何優化回測數據，可以根據參數最佳化的與否，區分為「參數高原」或者是「參數孤島」。舉個例子來說，如果你今天想要優化的參數是「創 100 日新高」這個訊號，在天數的部分，我們就可以去測試 100、101、102……測試到績效或交易筆數明顯低於可承受的狀況時，即可停止。

這時候可以把每組參數的績效列出來，觀察其周圍參數數值的表現，就可以找出參數高原及參數孤島的跡象。舉例來說，如果你在創 150 日新高的策略發現績效非常好，但是創 149 日新高、151 日新高的表現卻大幅滑落，我們就可以知道「創

小辭典

參數高原

當一個投資策略在特定參數數值上表現良好，而在該參數附近的數值也有不錯的績效，就稱為「參數高原」。換句話說，當一個策略的績效表現對參數變化不敏感，且在某個範圍內有穩定表現，就是參數高原。

參數孤島

當一個投資策略在特定參數數值上表現良好，但在該參數附近的數值績效卻大幅滑落，這組績效優異的參數就是「參數孤島」，代表這組參數可能只是歷史數據的巧合，是否真的具備優異績效並不可靠。

150 新高」屬於參數孤島，可能不是一個穩定且可靠的參數。

假設你在創 180 日新高的策略發現績效不錯，再設立創 181 日新高、創 182 日新高、創 179 日新高、創 178 日新高等參數，發現績效也都不錯，並沒有顯著滑落的狀況，就可以定調這是參數高原的狀況，代表這些數據更加考靠，可以更好地應對未來市場的不確定性。

方法❸｜參考回測期間的重大事件

建構策略時選擇的時間框架，可以檢視是否經歷過幾次重大「歷史崩盤事件」，但不建議選擇過早的歷史資料時間。我自己很喜歡用 2008 年作為一個分界線，2008 年發生了金融海嘯，那次事件過後，基本上市場的操盤手都換了一批（損失慘重），因此一個有趣的現象出現：2008 年以前可以獲利的策略，到 2008 年以後幾乎都沒有辦法使用了，也就是市場操盤手的習慣出現轉變。

這也是歷史事件給予市場的一個提醒，**遇到重大事件的時候，策略可能會經歷更嚴峻的考驗**。讀者在建構策略的時候，我一般都建議從 2010 年的歷史行情開始規劃，除了比較接近近年來的盤勢調性以外，2010 年以來全球經濟發生了不少事件，足以檢視策略面對高風險盤勢的應對能力。

2010 年以後，我們遇到了歐元區執行負利率（2014 年）、克里米亞危機（2014 年）、英國脫歐公投（2016 年）、中美貿易戰（2018 年）、新冠疫情 Covid-19（2020 年），過程中不乏美國執行縮表、量化寬鬆（QE）等相關的貨幣政策，以及不少政治、經濟、流行病等相關的利空因素。一般來說，極端

小路真心話

雖然歷史不可能完全重演，但至少可以在策略設計與測試的階段，盡量讓策略接觸更多元的市場波動，我們可以檢核策略在面對黑天鵝事件時的表現，以此作為面對危機時的參考。

行情雖然每次都有不太一樣的狀況，但大部分共同的慣性就是暴跌，因此可以拿來檢視策略面對重挫行情時的抵抗能力。

3 大原因 讓歷史回測出現落差

或許有讀者發現，自己每次回測出來的結果都有些微落差，造成這個差異的主要原因有 3 個。

❶ 執行回測時間不同

每到「季」資料、「月」資料等週期性資料更新的時間點，資料庫容易出現數據抓取不一的狀況。舉例來說，如果你設定的參數是「近 4 季」，這類與時間序列有關係的數據參數，就會因為數據是否更新到最新一季，導致最近 4 季的數據抓取不同，讓回測數據產生差異。

❷ 資料庫數據不完善

執行歷史回測的時候，程式會去抓取符合條件的股票來執行。不過有時資料庫資料是否完善、電腦數據是否正確，會導致回測成功與失敗。有時每台電腦資料庫不一定完全相同，這時候就必須把軟體更新到最新版本，確保資料讀取正確，減少回測績效的差異。

❸手續費成本設定

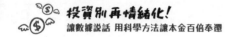

手續費設定不同也會導致回測結果出現落差，因此設定同樣百分比的交易成本，可以降低回測與實際交易的差異。

實務上，最常遇到的會是第 1 種情況導致回測出現誤差，也就是在資訊公布期的回測，容易出現不一致的狀況。因此我們更應該善用大數法則，在大量數據中找到慣性，作為策略是否有效的重要參考依據。

4-4

2套基本策略 適用多數投資者

投資交易這件事情本身非常個人化，也就是說，每個人都有自己的操作習慣及想法，不同的人生經驗也會影響到他們對投資的想像。因此，我認為在金融市場上，每個人都應該為自己打造一個專屬自己的策略，操作體驗才能更加舒適。

在市場上教學及觀察一段時間後，我發現市場上的投資者可以細分為重視基本面或重視籌碼面，我認為這 2 種類型的交易者已經涵蓋了市場大多數的投資人，因此接下來會分享這 2 種類型在建構策略的一些技巧。

偏好基本面：設置更多濾網 捕捉好公司

如果你是喜歡以基本面來進行選股的投資者，可以把因子鎖定在基本面的邏輯架構上，你可以從基本面因子中挑選 2 個喜歡的指標，例如「股價淨值比（PB）小於 1」、「EPS 創近 4 季新高」建構策略，操作條件同樣設定為「創 100 日新高且波動不超過 30%」，停利損各設置 7%。

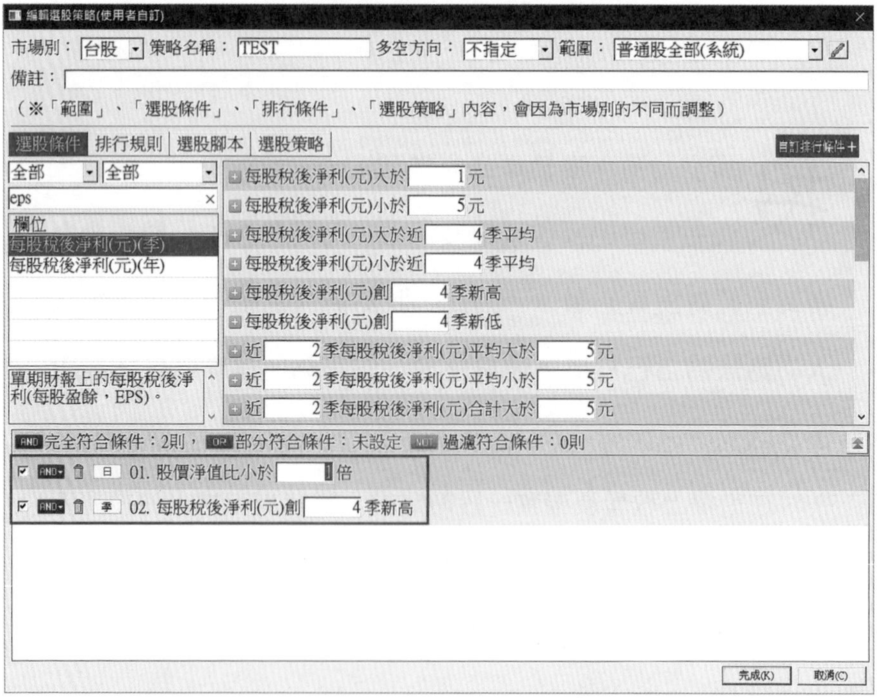

編輯選股策略(使用者自訂)
市場別：台股 策略名稱：TEST 多空方向：不指定 範圍：普通股全部(系統)
備註：
（※「範圍」、「選股條件」、「排行條件」、「選股策略」內容，會因為市場別的不同而調整）
選股條件 排行規則 選股腳本 選股策略 自訂排行條件＋
全部 全部
eps
欄位
每股稅後淨利(元)(季)
每股稅後淨利(元)(年)
單期財報上的每股稅後淨利(每股盈餘，EPS)。
每股稅後淨利(元)大於 1 元
每股稅後淨利(元)小於 5 元
每股稅後淨利(元)大於近 4 季平均
每股稅後淨利(元)小於近 4 季平均
每股稅後淨利(元)創 4 季新高
每股稅後淨利(元)創 4 季新低
近 2 季每股稅後淨利(元)平均大於 5 元
近 2 季每股稅後淨利(元)平均小於 5 元
近 2 季每股稅後淨利(元)合計大於 5 元
AND 完全符合條件：2則，OR 部分符合條件：未設定 NOT 過濾符合條件：0則
AND 日 01. 股價淨值比小於 1 倍
AND 季 02. 每股稅後淨利(元)創 4 季新高
完成(K) 取消(C)

資料來源：XQ 全球贏家

科學驗證 A ▸ PB < 1、EPS 創近 4 季新高是否帶來獲利？

- 回測期間：2016/1/1 ～ 2022/9/8
- 回測標的物：PB < 1、EPS 創近 4 季新高的上市櫃普通股
- 回測交易條件：股價創 100 日新高，且波動不超過 30%
- 停利與停損：各設置 7%
- 交易成本：手續費來回共 0.4%

總交易次數	776	勝率	64.95%
獲利次數	504	虧損次數	271
總報酬率	341.55%	平均報酬率	0.44%
最大獲利率	16.61%	最大虧損率	–13.88%
最大連續獲利率	21.18%	最大連續虧損率	–12.44%
最大區間獲利率	406.75%	最大區間虧損率	–15.53%

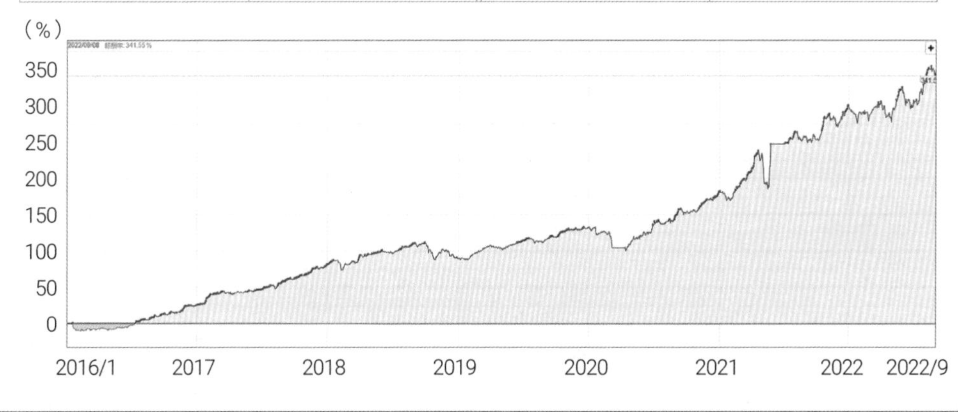

資料來源：XQ 全球贏家

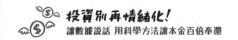

科學驗證 A PB ＜ 1、EPS 創近 4 季新高是否帶來獲利？

透過回測可以發現，採用股價淨值比小於 1、EPS 創近 4 季新高這 2 個基本面的濾網，搭配簡單的突破訊號，可以獲得不錯的績效表現。

結果顯示，交易次數達 776 筆，勝率高達 64.95%，同時報酬率達到驚人的 341.55%，顯然基本面確實是一個能夠加強績效的重要指標，觀察其風險指標，最大連續虧損為 –12.44%，相對於獲利來說還是挺亮眼的。

偏好籌碼面：多重濾網增加籌碼集中度

籌碼面也是不少短線交易者熱愛的分析面向，極短線行情要能有所表現，籌碼面絕對會是重要的參考因素。可以在「選股濾網最多使用 3 個」的前提下，盡量增加使用籌碼面因子的數量。

我挑選 2 個喜歡的指標，例如「外資連續買超 3 天」、「投信連續買超 3 天」建構選股策略，操作條件設定「創 100 日新高且波動不超過 30%」，停利損各設置 7%，來看看是否能帶來不錯的獲利。

資料來源：XQ 全球贏家

科學驗證 B 外資、投信連續買超 3 天是否能帶來獲利？

透過回測可以發現，採用外資連續買超 3 天、投信連續買超 3 天的籌碼面濾網，可以篩選出兩大法人連續買超的標的，搭配簡單的突破訊號，發現整體的績效還可以，交易次數 258 筆，勝率高達 62.02%，報酬率表現達 166.26%。相較於基本

科學驗證 B ▸ 外資、投信連續買超 3 天是否能帶來獲利？

- 回測期間：2016/1/1 ～ 2022/9/8
- 回測標的物：外資、投信連續買超 3 天的上市櫃普通股
- 回測交易條件：股價創 100 日新高，且波動不超過 30%
- 停利與停損：各設置 7%
- 交易成本：手續費來回共 0.4%

總交易次數	258	勝率	62.02%
獲利次數	160	虧損次數	98
總報酬率	166.26%	平均報酬率	0.64%
最大獲利率	12.65%	最大虧損率	–12.31%
最大連續獲利率	9.93%	最大連續虧損率	–10.13%
最大區間獲利率	176.22%	最大區間虧損率	–14%

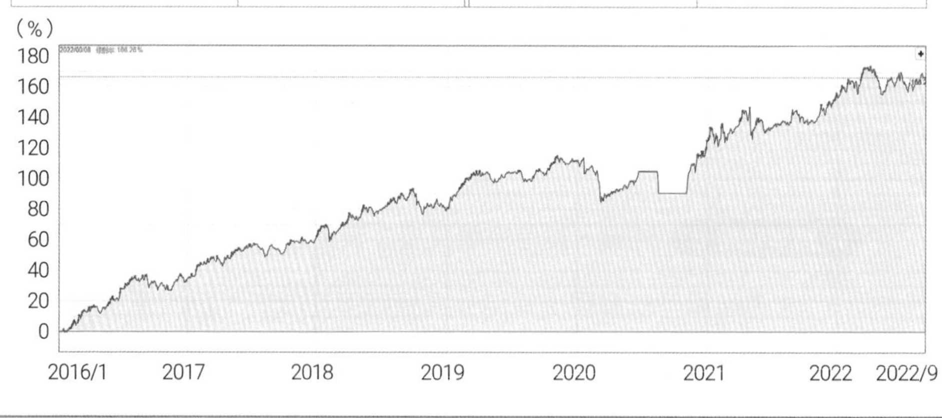

資料來源：XQ 全球贏家

面來看，籌碼面提供的報酬率可能遜於基本面的因子，這也是為什麼持續提醒投資人「基本面濾網」很重要的原因。另外觀察其風險指標，最大連續虧損為 –10.13%，表現中規中矩。

小路真心話

每個投資者都有不同的人生經驗，所以要找到適合自己的投資方法。研究策略的時候，千萬不要看到哪個績效好就選擇那一種，你要認真去思考這樣的策略特質，是否自己喜歡且認同，如果你使用了一個自己不認同的策略，後續還是會因為個性與策略無法有效搭配，導致情緒更加混亂與恐慌。

實戰3步驟 勇敢進入市場操作！

統整一下目前為止學到的內容，從一開始科學邏輯建立，我們知道投資者並非產業人士，在資訊蒐集及產業板塊資源上面，掌握度絕對不及專家，這時候就要轉向其他面向來鑽研。

接著導入科學因子的分析，知道可以使用 3 大面向——基本面、技術面、籌碼面進行數據分析，整體來說，我認為應該把股票市場當作大型資料庫，從中你會發現一些數據上的結論，有助於找到更加科學理性的投資方法。

透過因子回測可以發現，這些面向對於股價具有一定的影響力，將其內化之後就可以開始組建自己的交易策略；建議投資者至多使用 3 個因子就好，因為過多的因子可能會讓你的策略陷入過度最佳化的疑慮。

透過歷史數據建構完策略後，記得善用機器學習的概念，針對未來行情進行模擬測試，如此才能過濾歷史數據最佳化的策略，一方面也能直接驗證策略面對未來行情的抵抗力，並在時間架構上做豐富測試，讓你的策略更加具備實戰上場的價值。

前置作業都完成後，你就可以準備一筆小額資金，開始到市場上去進行實戰交易！

步驟① ｜ 準備資金 不建議零股操作

當你組合出自己喜歡的策略，確認策略具備上線實戰的可行性了，這時候就要來思考，最基本需要多少資金呢？以及我該買零股還是整股？

台灣股票市場目前已有盤中零股交易制度，自 2022 月 12 月 19 日起，從原先 3 分鐘進行搓合一次，改為 1 分鐘搓合一次，效率雖有所提升，不過實際上與市場價格的每秒波動還是有些許差異，掛單價格多少會有一些疑慮，為了順利成交，投資者可能需要加價才能成功買進。

因此，我認為零股交易的成本會有些許提高，對交易帶來更多不確定性，建議投資者還是盡量以「張」為基本交易單位，可以先以「50 萬～100 萬元」作為基本的測試策略啟動資金，操作上相對比較靈活，能有效分散交易風險。

步驟② ｜ 盤後找標的 投資日常很枯燥

設計出一套有效策略後，基本上你每一天的操作就是這麼樸實無華且枯燥，只要等待收盤且資料更新後（建議晚上再使用軟體選股，這時候的資料最齊全），點擊你的策略執行選股，就可以知道明天要操作的標的。

隔天直接以開盤價進場，同時設置你的操作條件及停利損，善用券商下單 App 設置到價提醒，只要股價波動觸發停利、停損，手機就會傳送推播通知你，大部分時間你可以安心上班，繼續專注在本業。

透過系統化、科學化的交易策略，可以避開每天盯盤、盯著消息面被情緒引導的操作盲點，反而能更加輕鬆且邏輯化地進行每一筆交易，你就能擺脫追高殺低的思維，邁向理性投資的世界，在這邊先給自己一個掌聲吧！

步驟③ ｜ 記錄交易筆記 對的事情重複做

當你設計好策略，拿到戰場上運用時，請給予一段時間來去驗證策略的效果。很多時候對策略沒有太大信心的投資者，可能會用第一筆交易的獲利或虧損，來判定該策略的可行性，我覺得非常可惜！

要知道的是，策略呈現的是「總體狀況」，不能以微觀角度來判斷交易的績效與成果，因此建議讓策略上線持續 1 季或半年以上的時間，再來評估策略的績效比較恰當。

每一週期（季、年）的交易結束後，你可以去觀察歷史行情的變化，例如在這段期間內，什麼樣的狀況導致交易虧損，有沒有辦法從中找到一些慣性的轉變？如果發現在某些特定行情容易虧損出場，把它記錄下來，作為下一次調整策略時參考的方向。

科學化的交易並非聖杯，一定也會有操作不順利的時候。回歸到科學投資的邏輯，前面分享過股市其實就是一個大型資料庫，而你可以透過這個資料庫去整理、歸納、蒐集、統整數據背後的邏輯脈絡，並以此來規劃、測試一套具備高勝率與報酬率的交易策略。而一切都是「機率」問題，一套策略會有順利的時候，也會有不順利的時候，主要的邏輯就是機率學。

實際觀察虧損的交易，發現策略可能藏有缺點，可以進一步觀察這個缺點是否為通則（例如多檔股票皆有這樣的狀況），同時想辦法修改參數、調整策略架構，更能貼近高機率的操作機會，這樣在執行回測時才能排除盲點，**後續只要把握住機率高的事情重複做、堅持做，好事就會持續發生。**

NOTE

Chapter | 05

做好風險控管 人生彎路更快走完

5-1

那些被你忽略的風險 胖手指最冤枉

大多數人都是帶著熱情與激情來到市場，經過一段時間的歷練後感受到市場的險惡，原先的熱情逐漸消磨殆盡，並處於擔心虧損的消極狀態。那麼金融市場上到底存在哪些風險？如果要廣泛地探討，實際上風險非常多元，我分為 4 個面向來探討：市場風險、操作風險、情緒風險、莊家風險。

市場風險：就是所謂的市場波動，像是 2022 年股市全面重挫，這種下殺行情對於持有多單、現股的投資人來說，就是一種投資風險。

操作風險：指銀行證券的操作失誤或胖手指，現在大部分投資者都是用手機交易，有時候訊號不佳可能造成重複下單，導致交割款項繳不出。

情緒風險：操作買賣交易的畢竟還是投資人，每個人在面對漲跌時都有自己的情緒，可能樂觀、熱情、積極，或是悲觀、冷淡、保守等，不過就多數人的情況來看，行情上漲時往往過度樂觀積極，行情下跌時又過度悲觀消極，就是典型的追高殺低。

莊家風險：也就是所謂的券商平台風險，不過這在大多數國家包含台灣來說，比較少出現這樣的狀況，畢竟我們的金管會監管相當嚴格，很難發生券商倒閉的問題，就算有這樣的可能性，金管會也會想辦法協助，因此這個風險基本上不大，但世界上什麼事情都有可能發生。

小辭典

胖手指（Fat-finger）

又稱為烏龍手，指因為鍵盤或滑鼠操作失誤而造成的錯誤交易，通常機構資金發生胖手指事件時，會導致行情出現大幅洗刷。

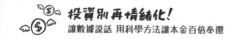

市場風險最常見 可用標準差衡量

上述幾種風險來看，哪一種最常見呢？大多數投資者討論的都是「市場風險」，根據形成的原因可分為「系統性風險」與「非系統性風險」。系統性風險是指由政治、經濟以及社會變化等大環境因素造成的風險；非系統性風險則是指單一公司的風險，例如財務狀況不佳、管理層經營不善。

一般來說，我們可以透過分散投資來降低非系統性風險，也就是降低單一公司帶來的價格損失，而「系統性風險」和整體市場、總體經濟有關，像是匯率、通貨膨脹、利率、天災、戰爭、疫情等，會影響到所有資產，無法藉由分散投資來降低此類風險。因此，**我們一般在討論的分散投資，都是以降低「非系統性風險」為主。**

小路真心話

千萬不要小看「操作風險」，小路曾經因為網路不穩定連續送了 2 筆訂單，而 2 筆訂單全數成交，當時令我冒了不少冷汗。因此下單時確認好自己的交易單位與交割金額再送出，並確認委託狀況，才不會發生憾事喔！

許多人認為股價下跌導致虧損才叫風險，更正確地說，風險不只是包含下跌，上漲其實也是一種風險（如果你持有空頭部位）。實際上風險這件事情在財務、數學上的定義叫做「標準差」（Standard Deviation），在統計學中最常用來描述一組數值的離散程度，而金融市場一般指的是資產或個股的波動程度。

標準差越大代表股價波動越大、風險越高；標準差越小代表股價波動越小、風險越小，一般都會希望資產的波動越小越好，畢竟沒有人喜歡被暴漲暴跌的走勢影響心情。這邊所指的價格風險不是只有下跌，上漲也是風險之一，因此標準差僅關注股價的波動。標準差數據可以在「XQ 全球贏家」系統的個股資訊欄位查詢。

評估個股波動 直接參考 β 值

有了基本認識之後，我們會透過標準差來分析市場風險，透過觀察單一個股的標準差，來認識這檔股票的股性及波動程度。以下頁圖的高端疫苗（6547）來看，在 2022 年 11 月 25 日的標準差高達 3.5%；相較之下，市場普遍認為較穩定的定存股台泥（1101），標準差在同一時間只有 1.03%。

高端疫苗（6547）標準差

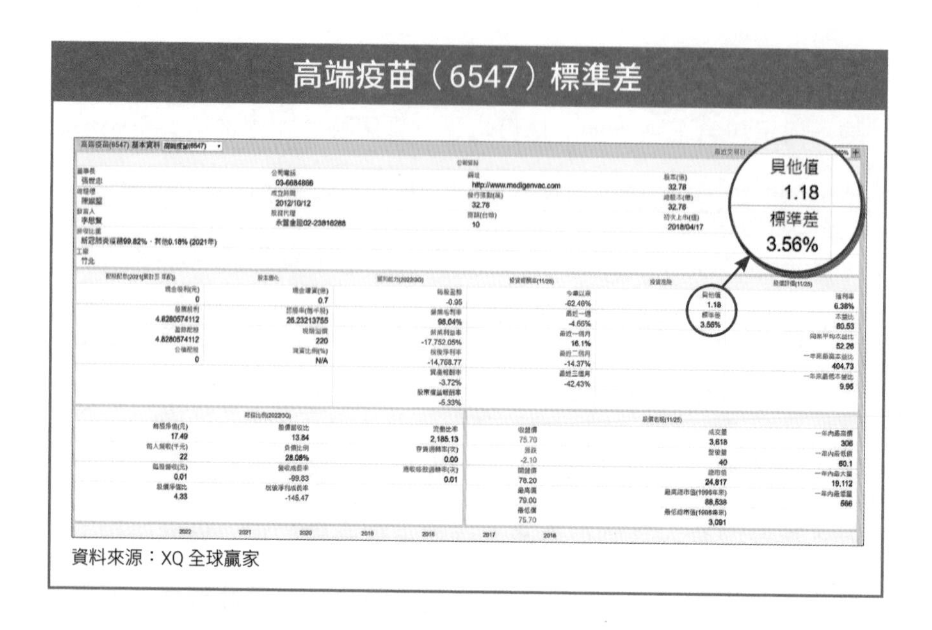

資料來源：XQ 全球贏家

台泥（1101）標準差

台泥(1101) 基本資料 台泥(1101)

公司資料

張安平
02-25317099
http://www.taiwancement.com/
715.62
程耀輝
1950/12/29
7.16
715.62
黃健強
中信託02-66365566
10
1962/02/09

水泥及熟料73.64%、預拌混凝土13.43%、電力10.57%、電池組2.36% (2021年)

台北、台中、花蓮和平、宜蘭蘇澳、高雄、廣東、廣西、福建、貴州、雲南、江蘇、四川、湖南、重慶、安徽、遼寧、土耳其、葡萄牙、象牙海岸、喀麥隆等

0.99928258
0.99928258
0.99928258
0
N/A
N/A
N/A
N/A
0.17
7.37%
2.02%
5.26
0.50%
0.74%
-21.23%
0.75%
12.21%
-9.32%
-15.17%

貝他值
0.45
標準差
1.2%

5.96%
27.96
37.85
28.54
13.14

29.05
2,609
4.49
1.15
2.18
51.68%
15.78
-61.33
233.52
1.80
0.99
33.55
0.35
33.10
33.55
33.10
28,320
78
240,090
323,831
17,104
50.2
29.8
67,657
4,686

2022 2021 2020 2019 2018 2017 2016 2015 2014 2013 2012

資料來源：XQ 全球贏家

因此，當你在篩選一檔股票的時候，可以先去看一下它的標準差是相對高還是相對低，就可以預期它的波動程度，同時根據自己的操作習慣與投資風格選擇波動適合自己的股票。

使用標準差是評估波動的一種方法，另一種方式則是在第3章提過的以 β 值作為判斷依據。透過觀察 β 值也可以快速掌握個股的波動程度高低，例如剛剛舉例的高端疫苗與台泥，β 值分別為 1.11 與 0.43，可以看出高端疫苗的波動風險遠高於台泥。

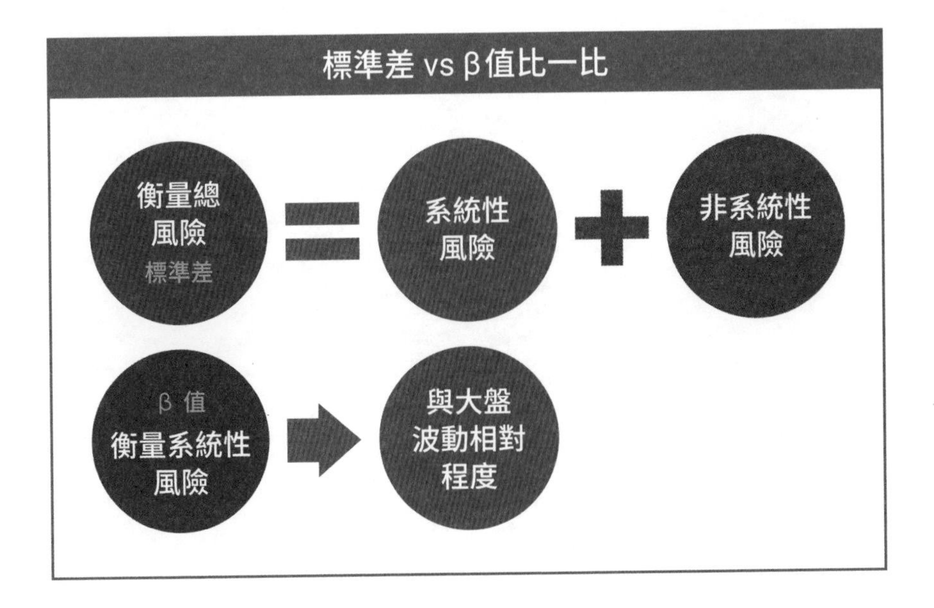

這時候讀者們應該會很好奇，標準差和 β 值到底要看哪一個指標比較好？我們把標準差與 β 值做一個比較，如果你只是想要判斷個股與大環境的波動程度，可以直接參考 β 值；如果你想要衡量的是總風險，那就參考標準差，無論你使用哪一種，兩者都是透過科學數據來定義和歸納波動風險的重要方法。

5-2

風險控管第一步
先學會「認錯」

在進入股市前，你會很在乎怎麼進場？怎麼找到最佳入場點？如何挑到飆股？經過幾年的洗禮之後，你就會從上述方向轉變為：我要怎麼設定出場點？最糟的狀況會是什麼？當開始有這樣的認知，就代表你進步了，因為你知道把交易做好的重點就是「風險控管」。

交易這件事情到最後你會發現，每個人的操作邏輯大同小異，你可以是順勢交易，也可以逆勢交易；可以是突破追價，也可以反彈進場。說穿了，技術分析應用在投資上，很快就會遇到瓶頸，讓你從眾多散戶中脫穎而出的關鍵點，就在於能不能將虧損「最小化」，這就必須有效率地管控風險，具體該怎麼做？

控制虧損 掌握 2 關鍵

「風險控管」4 個字看起來非常專業，其實就是探究「控制虧損」這件事。風險控管的內容非常廣，甚至很多書籍單純以此為主軸，就可以連出好幾本書，新手要介入這個領域，可以先從簡單的理解下手，稍為將風險控管拆解一下，可以再細分為「部位管理」與「停損控制」兩個部分，以下分別來探討。

❶部位管理：調整現金與股票比例

「風險的大小，有一部分取決於你在市場上的曝險部位」，這句話是我常常在分享風控內容時一定會提到的重點。舉個簡單例子，假設今天大盤指數重挫 30%，多數中小型個股的跌幅可能會超過 30%，這時候持有任何股票的壓力都很大，因此手中股票與現金的比例就很重要，以下透過 2 個例子可看出差別：

案例❶：曉華手上 200 萬元部位，其中 80% 是持股，僅 20% 是現金。當大盤重挫 30%，假設曉華的股票跌幅等於大盤，也是 30%，帳上虧損就會是 48 萬元（200 萬 ×80% ＝ 160 萬；

160 萬 ×30% ＝ 48 萬）。

案例❷：敏睿手上 200 萬元部位，其中 20% 是持股，80% 都是現金。當大盤重挫 30%，假設敏睿的股票跌幅也與大盤相同，帳上虧損就是 12 萬元（200 萬 ×20% ＝ 40 萬；40 萬 ×30% ＝ 12 萬）。

由此可知，同樣都是 200 萬元部位，面對大盤重挫 30% 的情況，只要簡單做一件事情，就可以讓你的投資風險大幅降低，那就是「降低持股比率」。

你可以這樣思考，在行情多頭的時候，「股票部位」大於「現金部位」，績效就會表現不錯；反之，行情空頭的時候，「現金部位」大於「股票部位」，風險就會下降很多。只需要透過部位的調整，就可以達到提升績效、降低風險的絕佳功效。

❷停損控制：按照紀律退場

對我來說，停損點的控制如同煞車靈敏度，過於敏感或遲鈍都會導致危險，同時每個人適用的停損策略也都不一樣，這牽涉到個性、習慣、思維、經驗，甚至對於這個世界的認知。因此，世界上不存在最好的停損方法，只有相對適合你的停損方案。

為什麼一定要設置停損點？這是新手常常會問的問題，大家都不喜歡輸錢的感覺，甚至是恐懼虧損，若停損被觸發，也就宣告你的投資已經確認出局，必須接受虧損的事實，這件事情是不舒適且違反人性的，因為人們喜歡被認同，多數人都很難拉下臉承認自己的錯誤。

無論如何，停損點一定要設置！因為交易絕對會有看錯的風險，不論是看錯行情、產業，或是資訊錯誤都有可能，甚至交易本身就存在著勝率問題，你不可能永遠是對的，尤其短線交易不確定性更大。正因為我們無法掌控全局，更要按照紀律退場停損，才不會陷入萬丈深淵。

如果你是一個剛進入市場的新手，只需要把上述 2 種風險控管的方案想好，學會辨識多空，決定自己的資金比例，並找到適合自己的煞車系統，克服人性的弱點，就完成最基本的風險控管囉。

長短線風控 都要有「最後把關」

長線與短線交易的風控截然不同，從最剛開始的進場邏輯就有顯著差別，這時候要回歸的重點還是：你這次交易的邏輯是什麼？為什麼要進場操作？操作週期是什麼？當你對於投資有了明確的規劃後，就會知道長短線的操作邏輯完全不同。

長線投資，大多數人看的是產業前景，或是穩定配息的殖利率、產業護城河等，這時候聚焦的不是股價突然轉強、突破等技術面訊號，而是回歸公司治理、營運表現的核心。長線投資者在風控上的調整方式，要觀察公司營運是否變化，包含營收、盈餘、毛利率、稅後淨利率等，這些基本面數據的變化，就是決定是否要停損的依據。

不過，**無論你是長線投資或是短線交易者，我都建議還是要設置一個「硬停損」**，所謂的硬停損就是要有一個最後把關，例如當股價已經下跌超過 20%，不論是短線或長線投資者，都必須意識到自己可能做了錯誤判斷。因此必須嚴格控管你的最大風險，也就是跌到你無法接受的程度時，就必須停損，不論什麼原因！

有時候會遇到一停損就開始反彈的窘境，但你更應該關注的是「如果沒有反彈且繼續下殺」該怎麼辦呢？是不是會更加手足無措？這時候你就會回想起：「小路說過無論如何都要設置一個最後把關，至少你最後還有手煞車可以保本。」

不面對現實 短線投資變長線套牢

新手剛開始學風險控制不是一件容易的事情，甚至可以說：風控是驗證一個交易者是否成熟的重要關鍵。因為交易這件事情說白了，就是拿風險去換取報酬，你若能夠把風險控制好，報酬自然隨之而來，這也是我衡量操作優異與否的關鍵。

新手剛開始學習風控，可能會遇到以下因素的干擾：

❶ 不願意認錯的心態

沒錯，又是心態！本書我們重複提及心態問題，因為這是一個非常重要的關鍵，剛開始心理上一定會很抗拒停損，因為認錯、虧損都是非常反人性的操作，但你要與眾不同、要脫穎而出的關鍵，就在於你是否願意認輸。

❷ 資金有限

新手的起始本金可能從數萬元到數十萬元不等，這樣的本金對於投資沒有槓桿的現股來說，自然不是那麼充裕，舉例來說，1 張台積電（2330）就要價 50 多萬元（截至 2022 年 3 月初），對新手來說肯定不是很友善，甚至有些人的本金就是 50 萬元，買完 1 張台積電相當於 All in 一檔個股，自然就無法討論風險控管。

不過這件事情在「盤中零股交易」上線之後有了改善，零股交易大幅降低了投資門檻，讓你的資金能夠更有效率地分散風險，把資金分散到多檔股票身上。

❸被消息面干預

多數投資人喜歡關注「消息」，包含新聞媒體、公司法說會、股東會，甚至是自己認為的「內線消息」等，將其作為投資參考依據。不過你得去思考一件事情，你的投資規劃，尤其是風險控管，其實與消息面毫無關聯，但卻會因為「消息」更改自己的風控邏輯，聽起來非常不理性，但實際上，人就是會受到消息刺激而改變思維。

這種因消息面干預改變風控意識的例子很常見，以台積電為例，2020～2021 年因為疫情的緣故，多數人都被困在家中無法出門，這樣的背景下，醞釀出大量的電子產品需求，不論是智慧型手機、平板，或者是遊戲機、電腦主機都出現強大需求，也讓晶片需求大增，台積電因此受惠。

2022 年初，依舊可以看到台積電繳出亮眼成績單，盈餘、營收寫下歷史新高，但股價卻出現拉回的窘境，當時很多持有台積電的投資者，試圖在網路新聞、消息面上找到支持自己論點的文章，好說服自己繼續持有下去，這時候你就會發現新聞都是利多消息（應該說只願意看利多消息），談論訂單多好、展望多棒，這時就算股價已經跌了一大段，投資人還是沒有太大警覺。

當股價繼續下跌，跌幅從 10% 慢慢增加到 20% 的時候，你會開始慌張，但新聞又一直告訴你業績很優異、訂單滿載等利多，這時候你會把風險控制的邏輯拋之腦後，畢竟已經有一定的跌幅，消息面好像也還沒有什麼問題，不賣就沒有實際虧損，殊不知股價已經慢慢走出你預設的風控之外了。

接下來股價繼續向下跌，可能已經出現 30% ～ 40% 的跌幅，這時候你會看到很多投資機構發表研究報告，認為應該逢低買進，於是消息面慢慢出現一些轉向，開始有人討論是不是台積電訂單掉了？是不是產能出現疑慮？等到你看到這樣的消息面時，股價早就已經跌翻天了！

這就是過度依賴消息面導致的結果，因為你心中一直抱持著：「對啊，公司還沒有出現營運衰退，一定還有機會！」但你完全忘記了，進場時要有一個風險控制的機制，於是從原先的短線操作變成長線套牢，只好默默收下每一年的股東會通知書、領取股息，還說服自己是在長期投資。

犯錯是必經之路 遠離情緒化交易

那麼，我們該怎麼避免上述狀況呢？首先，必須承認一件事情：你一定會犯錯！相信我，犯錯是必經之路，不過在經歷幾次撞牆之後，你就會慢慢認同我說的：「風險控管是看出一個交易者是否有水準的關鍵」，所以要先體認做錯真的沒有關係，只要從中學習到經驗，避免下次再犯即可。

接下來就是調整自己的心態，投資交易背後的成本就是本金及停損，如同創業一樣，必須透過多次的嘗試，才能找到對的訂單，也就是利用每一次的停損來回收資金，並再度投入下一個機會的循環，同時也要認知到，停損是讓自己揮別錯誤的必備手段。

最後，就是對市場所有的消息抱持懷疑態度，你可以思考一下，為什麼新聞媒體要讓你知道這件事情？為什麼要「現在」把消息發出來？是要給散戶投資人什麼樣的訊號？這些問題的反面，其實就是金融市場的險惡，實際上只要你願意遵守進場時的風控設定，尊重自己的交易規劃，就不會陷入消息面的迷思，遠離情緒化的投資與交易。

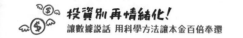

因此，我常常跟新手說：請你尊重你的交易規劃，不要連自己的規矩都不遵守，否則你就是情緒化追高殺低的散戶，這樣的風險控管過於鬆散，容易產生大幅虧損。

小路眞心話

定期定額除了能夠透過長期投資，獲取一定的報酬率以外，另外一個層面是培養儲蓄、持續關心市場的習慣。因此千萬不要小看自己每個月省下來的幾千塊錢，長期累積下來也是一筆不小的金額！

5-3

捨得停損 才有機會失敗再站起

每次談到停損這個議題，我都會問學員：「一台汽車如果沒有安裝煞車，你敢開上路嗎？」相信大家的答案都是否定的，畢竟誰都不想拿自己的生命開玩笑，回到交易市場上，這個問題就可以比擬為：交易時會不會設置停損點？

不停損重摔一次 可能賠掉多年獲利

交易時大多數人都非常害怕踩煞車，深怕煞車會讓自己的風險更大，實際上「停損」這件事情也是，投資人大概有 2 個層面的不舒適。

原因❶｜必須承認自己的錯誤

大多數人都不喜歡認錯的感覺，當股價跌至停損點時，你得承認這筆交易真的做錯了，這會讓你對自己的投資規劃產生擔憂及不信任感。有時候你可能操作某檔個股，也跟朋友報了這檔明牌，導致你很難拉下臉認錯、停損這檔個股，說到底，停損認錯是很違反人性的行為。

原因❷｜停損就真的實現虧損

如果停損出場，你這筆交易就會從「未實現損益」變成「已實現損益」，再也沒機會等待它慢慢漲回來，因為已經認賠殺出，沒有持股了。

帳上金額硬生生地減少，會讓投資者感到不適，因此造就了「停損就會認賠，不賣就不會虧損」這種心態，而這種心態其實就是佛系等待解套，過程也不會太舒適。

這 2 種狀況是不少投資者面對停損時的心魔，他們都會心存僥倖，認為只要給予時間，股價就會慢慢漲回來，如果不小心被你凹到 1、2 檔個股成功回本或是獲利，你反而會有一種誤解：原來套牢不設停損點也沒關係，股價總會回來的。

這種心態遲早會遇到一種狀況：股價下跌再也不回頭，最後甚至下市變壁紙。比較知名的像是宏達電（2498），在智慧型手機剛推出的爆發年代，宏達電確實在那段期間表現得非常亮眼，但隨著各家廠商持續推出智慧型手機，加上宏達電錯過一些轉型與積極應對的機會後，股價一落千丈，從歷史高點 1,300 元一路跌到 30、40 元左右的價格，且維持了很長一段時間。

只要在投資市場上遇到 1 次這種狀況，又堅決不停損，你的投資將受到重創，虧損幅度或許會吃掉好幾檔個股的獲利數字，更慘的是如果你還沿路持續加碼，堅信宏達電會有反攻的一天，最後可能會滿手套牢，摧毀你數年來的投資收益，甚至侵蝕本金。

因此，懂得認輸與認錯，是你在金融市場生存的重要心態；懂得停損出場，才能讓你在股市中走得更遠。

4 種停損方案 為操作買保險

常見的停損方案包含：固定比例停損、均線停損、技術指標停損、型態學停損等，這些方法都是在為你的操作買保險，屬於常見的風險控制方法。

❶固定比例停損

設定一個固定的百分比作為停損基準，例如設置 7%、10% 的停損點，這種方法最大的優點在於可以把虧損的金額預先設好，讓自己有心理準備，缺點則是背後的邏輯理論較為缺乏，僅是為了控制風險而設計。

❷均線停損

透過跌破移動平均線作為停損出場的依據，例如設置跌破月線（MA 20）、跌破季線（MA 60）等，都是市場常見的重

價格跌破 20 日均線停損範例

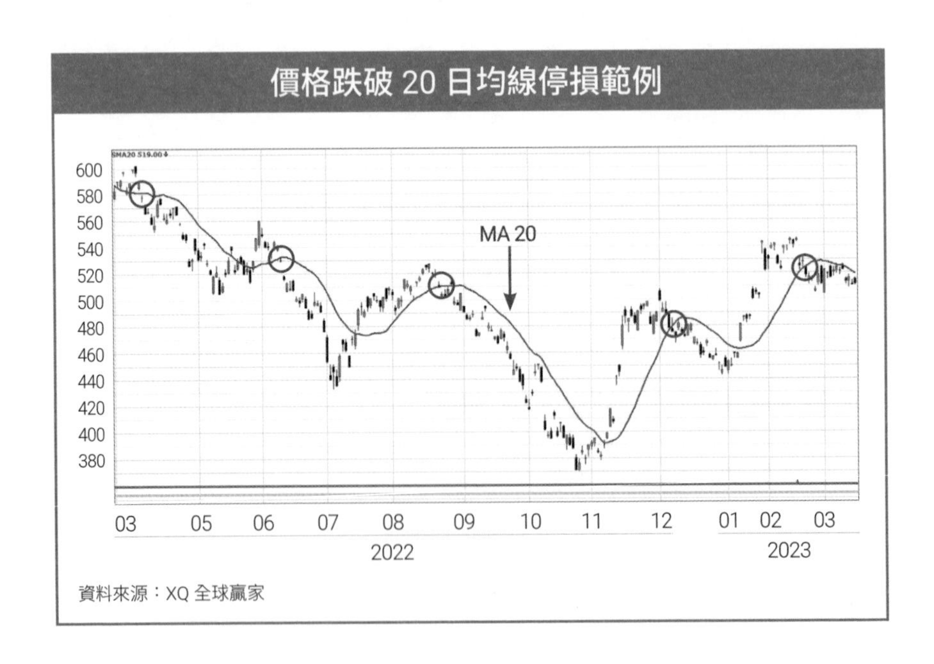

資料來源：XQ 全球贏家

點均線，相較於固定比例停損更具備邏輯，因為跌破均線意味著，股價已經跌破特定週期內的平均成本，此時停損退場是應該的。

❸技術指標停損

透過技術指標的轉弱訊號來停損出場，例如 KD 指標死亡交叉、MACD 死亡交叉等訊號等作為停損依據。透過技術指標設置停損，在邏輯上也相對合理，就是指標出現轉弱訊號，所以執行停損出場，是市場常見的做法之一。

MACD 死亡交叉停損範例

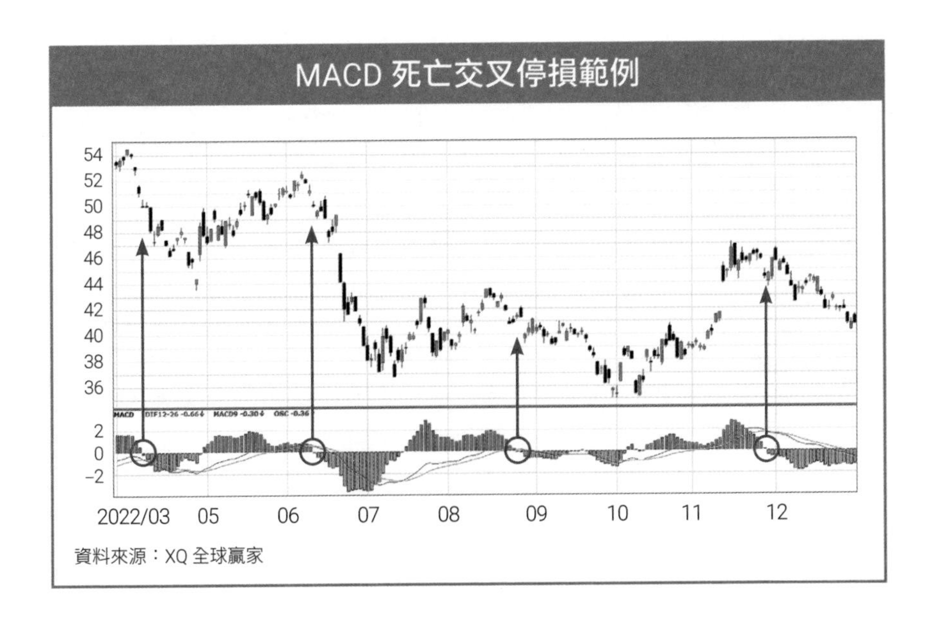

資料來源：XQ 全球贏家

❹型態學停損

透過型態上的關鍵頸線、前波低點等重要位置設置停損。例如 W 底圖形的交易，投資者可以把停損點設置在 W 底的頸線位置，如果跌破頸線代表行情不如預期強勢，可執行停損出場的動作。

W 底圖形停損範例

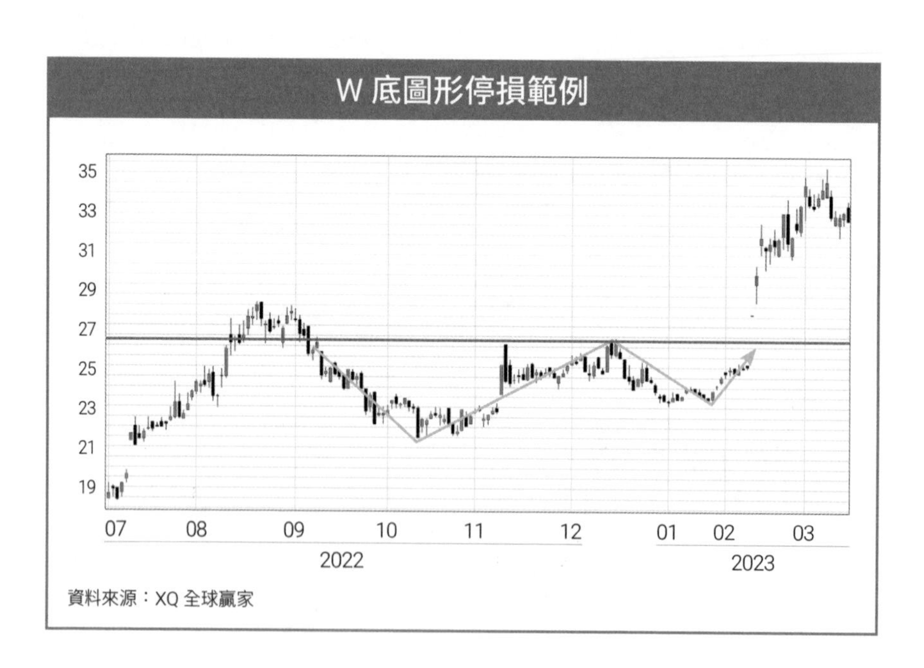

資料來源：XQ 全球贏家

5-4

追求合理報酬 別妄想成為「高高手」

前面提到標準差的概念，可以用來辨識一檔個股的波動程度，也就是判斷這是檔熱情的股票還是冷靜的股票。除此之外，也可以把這樣的概念套用到資產淨值走勢，進而觀察波動狀況，可以先問問自己，下頁 2 張淨值走勢圖，你喜歡哪一種呢？

這個問題是要協助你辨識自己對於風險的偏好，如果你的答案是 A 走勢圖，那你應該與大多數投資人一樣，喜歡比較穩健的投資報酬；如果你的答案是 B 走勢圖，你應該偏向一個風險偏好者。

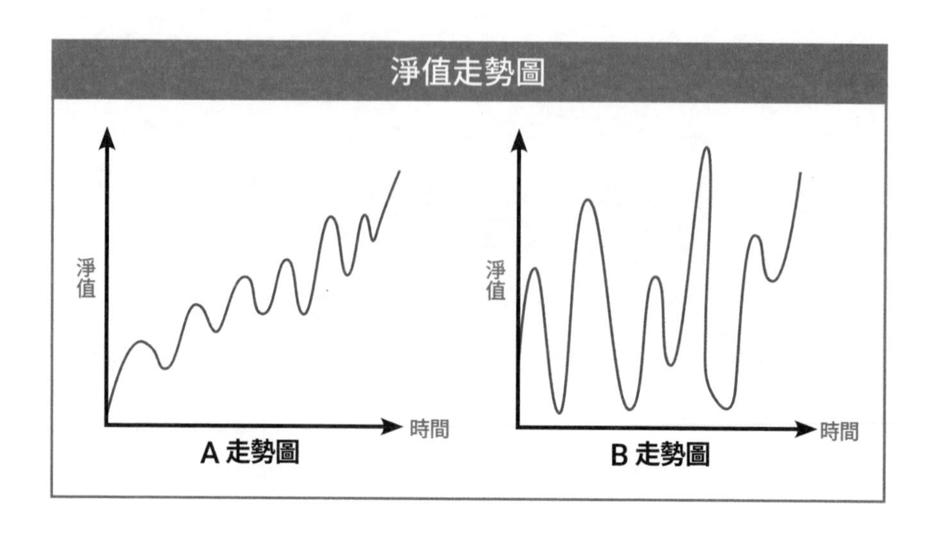

理性投資 穩健獲利才是王道

基本上，我相信大多數投資者喜歡的是 A 走勢圖（我也是這種類型），因為面對暴漲暴跌的淨值曲線，沒有多少人能承受這樣的曲線變化，每天不是大賺就是大賠的生活，應該不是我們想要追求的投資模式，反而是慢慢推升、細水長流的淨值曲線才能讓我們安心。

暴漲暴跌的淨值曲線並不是說完全不可行，只是多數人心態上沒有這麼穩健，一個暴賺，可能會讓你的自信爆棚，開始覺得市場不過如此，因此疏忽風險意識；面對暴賠，可能也會過度悲觀，覺得交易生涯已經結束了，信心受到巨大打擊！這種起起落落會導致你的心情上上下下，開始更加情緒化地進行交易，下場往往很慘烈，不是資產大幅虧損就是信心崩盤。

我認為淨值大幅度波動不是我能承受的狀況，所以我追求的是 A 走勢圖的淨值路徑，而在科學化交易的世界當中，我們透過設計一套合理且經得起歷史驗證的策略，並且包含合理的停利、停損訊號，換句話說，也就是你的這台車已經裝好煞車系統，自然安全係數大增，知道什麼時候可以獲利跳車。

所以，科學化的交易可以讓你的投資操作更加理性且穩健，想要在市場上長長久久，或許這樣明確的操作守則才是王道，也是能夠保你安全的重要方法。

1 小路真心話

報酬率並非評斷一個策略的關鍵，還要搭配其他綜合參數判斷，包含勝率、交易次數、最大連續虧損等，科學投資雖然很理性，但是別忘了按下策略開始按紐的人還是「你」，如果交易次數過少、勝率偏低，會讓你對策略產生信心動搖，你可能就不會遵守紀律，到頭來又回到情緒化交易的路線了。

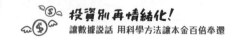

你不是高高手 1 年賺 30% 是天方夜譚

人生的彎路，我們都希望盡快走完，在交易市場中也是如此。我從剛入市場想要追求虛幻、誇張的投資報酬率，一路走到腳踏實地追求合理報酬，這條道路上的轉變，是經歷心態上的調整及知識積累，才有辦法得到的結果。

不少投資者都會思考：我想要 1 年賺取 20%、30%，難道不可能嗎？當然是有可能的，只是僅有 1% 或者 1‰（甚至更低）的極少數投資者有機會達成，而身為大多數投資者的你，千萬不要有這樣的錯誤期待，因為這幾乎是一個天方夜譚的想法，對投資報酬率的期待過高，可能會讓自己陷入更大的相對剝奪感之中。

沒錯，我並非高高手！我相信市場上的高高手應該是極少數人，這類高手交易員可能具備即時統合所有數據、指標、消

小辭典

相對剝奪感（Relative deprivation）

指個人相對於群體行為所產生的一種情感，當一個人發現相對於他人處於不利地位，感覺到自己沒有獲得應有的利益或機會，因而產生一種不滿的負面情緒。

息面的能力，又能做出快速的反應與決策。在面對停利、停損的時候，也非常乾脆不拖泥帶水，但這樣的人少之又少。多數人基本上是無法複製這樣的成功經驗，**而科學化的交易或許績效不如這類高高手，卻可以提供更加穩健的操作方案，讓你離贏家、高手更近一些**。

既然 20%、30% 的報酬率相對誇張，前幾章也提到大盤平均報酬率約在 10% 左右，我們可以追求 10% ～ 20% 的合理報酬，這樣的報酬率相對比較有機會達成。要達到這種報酬率，如果單純透過主觀交易來做，會有比較大的風險因素來自於投資者自己，像是情緒、心態、策略、穩定性等，都會讓你的交易摻雜更多操作風險，這也是為什麼我們要把投資交給科學的主要原因。

建構 10% 獲利策略 積小勝成大勝

採用科學化的邏輯去設計策略，並設置一個合理的停利損，你的策略就會有一個逃生出場訊號。如果你想要追求年化報酬率 10% ～ 20%，我認為可以利用「積小勝成大勝」的邏輯去建構。

每一筆投資可以設置一個 10% 的停利點與 10% 的停損點，這時候的風險報酬比就是 1：1，每承受 1 單位的風險，可以換到 1 單位的預期報酬，這是最基本的設置方式。雖然偶爾遇到飆股會少賺非常多，但卻也因為見好就收，讓你的資金持續滾動，做完一檔就可以接著下一檔，長期下來勝率如果可以累積到 60% 左右，操作期望值就是正的，自然就會累積報酬，有機會達到理想的年化報酬率。

使用科學化的交易，把選股、操作都標準化，你要做的僅有按表操課，就不會有「感覺」好像要漲、「感覺」好像要跌，是不是要提早出場、要不要先停損等心理負擔與疑慮。只要把策略規劃好，有標準流程讓你遵循，自然就會降低情緒化操作的問題，後續你要面對的只有心態困境，慢慢調整的同時，透過標準化策略去應對市場，就可以提高你成為贏家的機率。

NOTE

Chapter | 06

讓投資成為理想生活的基石

別怕虧損 賺回來比較重要

來到投資市場，每個人的理由與路徑可能不同，但目的我想是一樣的，就是賺取報酬，讓自己與家人的生活過得更加理想、更加舒適！想要讓投資變成實現自己理想生活中的基石，除了要有一套簡單有效的投資策略以外，更重要的是以正確心態來看待投資交易。

我記得大一剛開始在台北謀生的時候，好不容易透過家教、補習班的工作，賺到小小一筆資金，一邊透過自學到處看書，找尋網路文章與資源學習，帶著滿腔熱血進入股票市場。剛開始真的有新手運，很幸運地在第一檔股票華亞科就達成股票下市的成就，為什麼會說是幸運，我們在第 1 章已經有講過，這邊就不再贅述。

有了幾次良好的操作經驗後，我開始更加積極在市場上操作，不過好運其實沒有幾次，曾接連碰壁、虧損，甚至出現操作失誤等，都讓自己對於投資產生很大的恐懼與擔憂。

股市繳學費 換到寶貴經驗

我人生當中最慘痛的一次經驗，大概就是大學三年級操作聯發科（2454）慘賠，那一次虧損給我上了一堂重要課程，當時透過技術及籌碼分析進場交易，因為做了非常多的研究，信心十足，所以在進場部位上有些激進，把我當時所有的本金都押了進去。

當時正逢 2015 年股災的前夕，我絲毫沒有警覺，直到看著股票慢慢下跌，才開始有些擔心，但看到新聞媒體依舊報導相對樂觀的消息，導致我對股價短線下跌沒有太多戒心。

後續報酬率從 –5%、–10%，一路慢慢擴大到 –20%、–25%，這時候我真的慌了，因為部位很大，想到實際的虧損金額就讓我相當恐懼，早已失去理性判斷的思維，只想著：我該怎麼活下去？該不該斷尾求生？這時候什麼策略、買進理由都已拋之腦後，恐慌情緒已霸占了我的思維。

這個故事的結局，當然就是大幅虧損出場，我還記得當時按下「平倉」時，我呆坐在電腦桌前遲遲不能回神，難以接受賠掉數十萬元的事實，非常痛苦。

不過現在回頭來看，我很感謝當時慘賠帶給我的痛苦，因為它教會了我一課：千萬不要根據消息面的主觀判斷進出場，操作最終還是要回歸到理性規劃。從那之後，我幾乎沒有再發生大賠的操作，這也讓我對於風險控制有了更好的體悟，畢竟痛歸痛，該學的有學到，就不算吃虧。

年輕人在市場上吃虧是正常的，因為經驗不足、策略不完善，對市場的理解也不深，在這種背景下被市場教訓很正常，繳點學費也無妨，不用因此感到恐懼，因為**你該擔心的不是虧損，而是有沒有賺回來的能力**。

只要虧損金額不大，基本上都可以當作是學習的成本，實際上年輕人的本金也沒有太多，繳的「學費」不會太貴，但可以獲得寶貴經驗就算值得。隨著經驗累積，等到研究出屬於自己的投資策略，前期的虧損就不是問題，因為你已經具備賺回來的能力。所以不要害怕！年輕人積極去市場上挑戰自己，趁年輕多學點經驗，絕對不是壞事。

輸過才會敬畏市場 避開未來鉅額損失

如果賠錢換經驗是股市的必經之路，我覺得年輕人一定要去體驗一下，這樣的邏輯是建立在「年輕人可以賠的錢相當有限」，花費較少的金額就能學習到寶貴的一課，我覺得相當划算。

我剛進入市場的時候，也僅有 13 萬元本金，對於一個大學生來說其實不算少，但等到自己畢業出社會之後，才發現這真的只是小錢！當時用「感覺上」不算少的 13 萬元去做交易，不論是獲利或是虧損，對我的交易生涯都有顯著幫助，有賺到錢當然不錯，但是虧損的經驗反而更有價值。

如果你在新手時期過於順利，可能會完全忽視「金融風險」，導致未來發生更可怕的結果。舉例來說，當你慢慢對金融市場放鬆警惕，因為有賺到一點利潤，加上持續打工賺來的收入，你可能會持續把資金丟到股市當中，隨著資金量體越來越大，實際獲利或虧損也會跟著放大，在風險戒心降低的狀況下，很可能因為一次錯誤的操作，導致本金出現鉅額虧損，因為你完全無視風險的存在。

人生中發生過一次這樣的考驗，你才會敬畏市場，才會發現原來金融交易有風險，否則看再多的書籍，也無法體悟我要表達的概念。

所以我非常建議年輕人，趁著你的資金量還不大，虧損相對有限的狀況下，盡量去市場嘗試交易，而且越早越好，你越早體悟到市場的風險，對這個領域就會有更多的認識，若你只是維持本業工作，累積越來越多本金，再去市場一次賠個數百萬，學費豈不是更可怕？

長短線思維不同 都要遵守逃生法則

面對短線與長線上的虧損，心態可能有些差異，舉個例子來說，當你短線操作失利的時候，你的解讀會是行情震盪且難以分析，把操作的不順利歸咎到市場上，並找尋各種理由來搪塞自己凹單的行為，不過好在是短線操作，單筆虧損幅度基本上不會太大，至少都還有持續嘗試的機會。

如果是長線交易的虧損，你會有更多疑慮，思考自己為什麼堅持抱著這檔個股，也可能忘了當初為什麼進場。實際上長線的損益幅度通常都比較大，一次 20%、30% 的虧損，就會嚴重影響你的本金，只要有 2、3 筆交易出現鉅額虧損，基本上就很難再透過剩餘的資金賺回本金。

對我來說，不論是短線或是長線交易，都要遵守自己的逃生法則，面對不同類型的虧損時，應該要有不同的交易邏輯與操作紀律，作為你的應對手冊。

小路真心話

虧損絕對是股票市場的日常，而你要慢慢愛上虧損，因為在交易的過程中停損是很重要的，雖然決定停損的當下會很痛苦，但是之後的你會感謝自己做出這個舉動，幫你避開了萬丈深淵。

成功沒有捷徑 只能靠紀律

投資理財最困難卻又最關鍵的一點就是「紀律」，其實不只投資理財，一個人的人生是否有機會成功，大多都與自律脫離不了關係，我認為投資的難題一直都不是在策略、技巧、指標這些層面，而是在於你願不願意接受一個策略帶來的獲利與虧損。

談到紀律，你可以思考一下過去的操作經驗，舉個最簡單的例子——KD 技術指標，大家都聽過這個指標，根據教科書的方法就是「黃金交叉買進」、「死亡交叉賣出」，這是很常見的買賣觀察指標，回想你的新手操作時期，就算知道方法是這樣操作，但你真的有確實執行嗎？

這時候你會發現，很多時候問題不是出在策略，而是在於你的執行力不足。你對於策略不夠了解，不知道背後的邏輯是否合理，也不知道實際上可不可行，總總因素都會讓你在實際使用策略的時候，稍微有個風吹草動，就會嚇到忘了紀律，再度回歸到情緒化的操作。

因此很多時候不是策略無效，更多是因為自己不夠深入了解，就按照自己的主觀想法去操作，導致你的投資交易一直都很混亂。

而紀律操作要對抗的就是「自己的心魔」，這並不是件容易的事情，必須經歷過一些苦難及慘痛經驗，同時要讓自己認同紀律化的停損策略，才是在股市存活的重要關鍵，自此你對於交易也才會有「質」的改變。

了解股市邏輯 承擔有限風險

想要培養投資紀律，你必須好好了解一下「金融交易」到底是用什麼邏輯在獲利？什麼樣的狀況會虧損？怎麼做才有辦法趨吉避凶？

首先，金融市場背後的邏輯永遠是「承擔有限風險，賺取潛在報酬」，大多數投資者剛開始投資都不願意面對「有限風險」，堅持不設停損點，這樣的操作準則反而是「承擔無限風險」，結局自然是重傷。

既然知道這是一個「風險換報酬」的賽局，成功關鍵就會是誰能夠把「風險」控制到最好，當你有這樣的認知時，就會更加關注風控的方法。最後回歸到執行面，你希望是好幾次的小賠，還是一次性的大賠？這會取決於你有沒有完整認識風險控制，也就是承擔有限風險。

如果你仍然不願意停損、不願意認賠殺出，依舊採取凹單策略，請你把這一段落的文字再多看幾次，才能真正體認交易的真諦。如果你選擇好幾次的小賠（遇風險時果決停損），當作是試單交易的成本，可以保你未來很難出現大幅虧損，避免重傷的情況發生。只有堅持「承擔有限風險」的理念，才有機會在市場上積累報酬，換來理想生活。

必須遵守鐵律，以下幾點是讀者們一定要注意的：

❶沒有停損點就不要進場

當你進場之前，對於訂單怎麼設置停損毫無頭緒，沒有任何的想法，請你千萬不要進場操作，因為沒有停損點的交易，將面臨大額虧損的風險，有許多投資者的套牢都是從 –10%、–15% 開始，因為沒有出場方案，最後導致深度套牢。

❷ 尊重自己的操作規劃

很多時候投資者在進場前做足功課，把策略研究地相當透徹，經歷一番準備之後迎來第一筆交易，可是當進場後手中部位出現波動，很多心態不穩健的投資者，就會受到價格波動或是新聞媒體的影響，開始過度思考，干預到自己原先規劃的操作，這是相當可惜的一件事情。

因為你花費了很多時間進行研究，最後還是敗給了情緒，因此，**操作時請尊重自己花費時間做出來的規劃，否則你的時間是完全浪費，之前的努力也失去價值！**

❸ 設想最糟糕的情況

投資常會面臨各式各樣的風險與危機，這時候不論是遭遇了什麼意料之外的事情，一定要設想最糟糕的情況，給予自己一個「最終手煞車」。

舉例來說，如果你目前帳上已經虧損近 20%，多半會有不少壓力，擔心股價繼續跌下去，如果有設置 20% 作為停損，就

有一個手煞車的機制在保護你，你的交易不論如何橫衝直撞，

至少都可以保你不死，未來還有持續努力奮鬥的機會。

Z世代投資 先做好3件事

被稱作Z世代的朋友們，我們生活在一個資訊取得相對容易的年代，現在人手一支智慧型手機，還有電腦、平板等工具，在資訊爆炸的背景下，投資其實相對容易，更應該提早做功課。

不過，這個世代因為經營、追蹤社群媒體的生活習慣，容易受到各種網紅、投資達人的意見影響，我認為無可厚非，只是你一定要堅持自己的想法與思路，好好認識自己，並設置一個可接受且願意執行的投資目標。對於想進入投資市場的Z世代族群，我建議可以做好3件事。

①規劃投資想像 有目標才有動力

設置一個目標，對投資人來說是相當重要的一件事情，當你有一個具體的路徑與目的，會有比較強的執行力。我認為投資者可以先「規劃你的投資想像」，才有辦法去設立一個相對合理的目標。

所謂的投資想像，指的是你認為能在市場上賺到什麼樣的報酬，或者是達到什麼樣的目標（例如賺到 1 個名牌包、1 台國產車等），這樣會讓你更積極去思考，需要準備多少本金？需要多少的年化報酬率才有可能達成目的？

透過各面向的邏輯思考，會讓你更加確立目標，知道努力可以獲得什麼樣的潛在收穫，有了目標，你才有動力去執行策略。

②資金不多 還是要資產配置

要提醒的是，在資金不多的狀況下，依舊要執行資產配置的動作，尤其是進入市場的新手更需要注意。

基礎的資產配置，就是資金扣除緊急預備金之後，分為風險型資產與保守型資產兩部分來進行布局。那麼，該分配的比例為何？哪些資產屬於保守？哪些資產風險較大？以下我將跟大家分享這兩者之間的差異。

首先來談談什麼是風險資產與保守資產，簡單來說，風險資產就是股票，保守資產就是債券，你可以透過股票與債券的比例作為資產配置的基礎，也可以根據自己的實際狀況與風險承擔能力進行微調。

再來是比例的部分，市場上有很多種對於資金配置的看法，對我來說概念只有一個，就是風險承擔能力大的時候，多布局一點風險資產；風險承擔能力變小的時候，多持有一些保守資產，這樣的大方向肯定沒錯，**如果你對於自己的風險承擔能力沒有太多想法，可以直接採用「100 －年紀」的公式，**作

小辭典

風險資產

波動度較大但具備較大獲利潛力的資產，像是股票、基金、加密貨幣、槓桿型交易商品（期貨、保證金交易等）。

保守資產

波動度較低且具備穩定價值的資產，像是高股息 ETF、債券、債券 ETF、定存等。

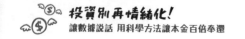

為風險與保守資產配置比例的參考。

舉例來說，如果你的年紀是 22 歲，套用公式後，可以在風險資產上配置 78%，剩餘的 22% 配置在保守型資產，因為這個年紀正是相對有能力承擔風險的時候，透過承擔風險換取更高報酬，是年輕人最應該去思考的路徑。

如果你的年紀來到 40 歲，風險承擔能力會與年輕時期有明顯差異，這個年紀的多數人都有家庭要照顧，也有更多開支需要支應，因此風險資產的比率就要下降到 60%，剩餘 40% 就配置到較為安全的保守資產。

③對商品不熟悉 適量投資就好

近年來隨著科技發展，金融市場迎接越來越多新興的交易商品，加密貨幣、NFT（非同質化代幣）等基於區塊鍊技術的商品，在這幾年蓬勃發展。這類新型投資商品到底適不適合新手？一切取決於你對於這些項目的理解及資金控管。

像是基於以太坊區塊鏈衍生的投資商品就相當豐富，NFT 就是以太坊一個重要應用，NFT 改變了整個藝術圈，提供藝術品一個所有權的證明。國際上很多知名的藝術家相繼發行

NFT，並把它放到市場上銷售，最知名的平台包括 OpenSea、SuperRare 等，不少國際藝術品拍賣行也舉行了 NFT 拍賣會。

又或者遊戲 Gamefi 的應用，遊戲內的道具、物品、獎勵，都以加密貨幣或 NFT 進行發放，這些數位資產後續可以進行交易、出售，興起一股邊玩遊戲邊賺錢的熱潮，像是 Axie Infinity、Sandbox 等都相當知名。

但這些新型態的金融交易項目，你真的有深入了解嗎？還是只有跟風一知半解而已呢？我相信多數投資者對這些領域都不是太熟悉，甚至這個市場本身也還充滿許多不確定性。

我認為這類投資確實是一般人的翻身機會，畢竟「行情總是在半信半疑中產生」，只是誰也沒有把握未來加密貨幣是否具備一定價值，目前依舊眾說紛紜。

如果你確信加密貨幣的市場會有良好前景，我認為經過研究後投入也無妨，只是你必須做好「資金控管」這件事情，至多只能投入一定金額，可能是自己本金的 5% ～ 10%（視每個人的風險承擔能力而有所不同），如此一來，既能擁有這個資產未來爆發成長的機會，如果後續真的不如預期，也不會出現太大損失。

我認為這是在面對新興商品出現時，投資者可以透過資金控管參與的方式，在機會與風險之間找到一個平衡點。

2022 年全球第二大的加密貨幣交易所 FTX 發生破產事件，給予新興商品的投資人一個警訊，即一個產業發展初期，可能潛藏龐大的利潤可以參與，但發生風險事件時也非常恐怖，因此，認識風險與資金分配相當重要。

學會投資理財才能享受自由

當你手中沒有任何資產時，你會發現生活總是有一種束縛感，只能靠持續工作的薪水支應人生。若能在本業之外加上投資理財，當你慢慢存到第一桶金之後，你會發現賺錢的速度好像變快了！

投資理財本來就是人生必學的功課，這件事情誰都躲不掉。如果想讓金錢替自己工作，更應該趁早學習投資理財，享受自由的人生體驗。

巴菲特說過：「如果你沒辦法在睡覺時也能賺錢，你就會工作到死掉的那一天。」股神想要表達的概念是，如果想讓人生更加自由，必須想辦法創造被動收入，讓錢自動幫你賺錢。

當開始人生第一筆投資之後，慢慢地會從中學習到很多經驗與技能，不論存股、ETF、長期投資，或者是我所推廣的科學交易都沒有問題，重點是要建構出一套自己的系統，讓系統能夠自動化運作，提高獲利機會，久而久之你會發現，每一年的現金流收入越來越高，不知不覺就累積了一些資產。

存到第一桶金後，你會發現積累第二桶金的速度變快了，後續的正回饋，會讓你對投資理財有更正向的看法與觀點。隨著資金積累，生存的壓力也會減少，因為被動收入持續成長，足以支應生活開支，這時候的你更有底氣說走就走，去找尋自己更喜歡的工作與理想生活。

這些理想的背後都需要有資金與現金流的支撐，因此從年輕花時間學習，慢慢累積投資部位，透過策略去建構自己的交易邏輯，你才有說「不」的底氣，讓你的人生更加自由，絕對是投資理財的最終目標。

NOTE

附錄

小路台股實戰 App 用大數據找出績優股

如果覺得電腦版軟體不方便操作，也可以善用 App 進行科學投資。

我濃縮自己在金融市場的經驗與量化回測技術，與 CMoney 合作開發出「小路台股實戰 App」，協助投資者進行更加科學化的交易，有效率地達成系統化選股與機械化操作，減少主觀的情緒干擾。

這款 App 設計的邏輯基於「3 大科學交易策略」概念，投資者可以依據自己的投資風格，選擇喜歡的策略來達成 SOP 交易目標，以下將介紹 3 大策略的基本概念。

策略① ｜ 天羅地網：多重濾網捕捉高評分個股

基本面、技術面、籌碼面是分析股票時的主要面向，眾多因子當中，哪些是對股價報酬率有效呢？我透過「國際論文探勘」、「歷史投資經驗」與「數據分析」歸納出數種有利於股價上漲的選股因子，並設計一個選股參數池，作為建構選股策略使用。

前面文章有提過，我們不能把所有的因子都拿進去篩選，選股機制設計的越複雜，面對行情時越容易失效（容錯率、穿透性非常低），因此我採取的是較為靈活的設計邏輯：隨機選取，藉此設計出「天羅地網」策略，幫助投資人快速找到綜合評分高的企業。

舉例來說，假設選股池子中有 10 個選股因子，如營收、EPS……為了讓策略相對靈活，把符合選股因子超過 5 個以上的個股挑選出來，策略並沒有限定要哪幾個選股因子，而是以隨機的方式評分，達到篩選分數以上就代表具備更高的上漲機率。

「天羅地網」的策略透過多重濾網隨機選取，並搭配轉強訊號進行選股與操作，代表公司不論從基本面、技術面或籌碼面來看，都具備有不錯的綜合能力。

策略② ｜ 績優籌碼股：找出主力布局潛力股

穩健投資人多半喜歡挑選績優的個股，除了具備穩健的財務數據以外，還有不錯的成長動能可望帶動股價上漲，如果這檔績優股同時又有資金大咖、法人掏出真金白銀進場布局，是否在股價上就更加具備想像空間了呢？

我透過這個邏輯設計出「績優籌碼股」策略，讓你能快速找到主力卡位的個股。規劃這個策略時，主要是先把業績表現亮眼的個股做初階篩選，一間企業如果擁有高成長的獲利能力，或是可以更有效率地幫股東賺錢，市場就會願意給予更高的股價期待，透過歷史數據我們可以得知高獲利能力的企業，在股價都會有優異的表現。

當確認企業基本面有著顯著的營運轉強，另一個問題會是，有沒有大戶要積極進場投資了呢？因此，我加入籌碼面的分析邏輯，把主力、法人、大戶的資金流向作為觀察重點，找到「基本面績優」且「主力持續加碼」的個股，留意操作機會。

「績優籌碼股」策略以基本面與籌碼面濾網為基底，搭配轉強訊號進行選股與操作，公司具備優質的獲利數據，又有資金卡位的動能，股價更有機會在短時間爆發上漲。

策略③ ｜ 低估成長股：挖掘股價低估好公司

基本面可以分為「價值」與「成長」來分析，只要公司具備安全的價值數據，搭配良好的成長動力，股價通常都不會太寂寞。

我透過這個邏輯設計出「低估成長股」策略，讓投資人能快速找到被低估的資優生，在規劃這個策略時，主要著眼點在基本面的篩選，大家可以回想一下，企業擁有高成長的獲利能力，通常股價都不會太低，由此可以得知獲利能力的成長，確實與股價上漲有高度正相關。

營運狀況良好，且獲利能力強勢的好公司，通常都具備好的投資價值與機會，那麼應該如何定義「好公司」與「低估的成長型公司」？本策略透過公司的營業成長率與股價漲幅進行評估，也就是營業收入成長，但股價漲幅卻相對落後的低估好公司，同時企業獲利能力也要有顯著提升，代表具備低估且價值成長的 2 大投資優勢。

以上 3 組策略都可以搭配簡單的「突破交易條件」，並設置一個固定比例的停利損，達成標準化作業 SOP。接下來，我們一起看看 App 的功能與介面。

App 功能介紹：①個股頁面

這個頁籤可以查看每日盤中、盤後符合 3 大策略的即時選股狀況，同時在選股頁面中獨家建構「突破訊號」、「相對位階」，可以協助投資者快速找到股價突破創新高且位階不高的公司，進而提高操作的穩健度，其餘欄位包含籌碼、基本面資訊等，投資者可以上面找到有價值的資訊。

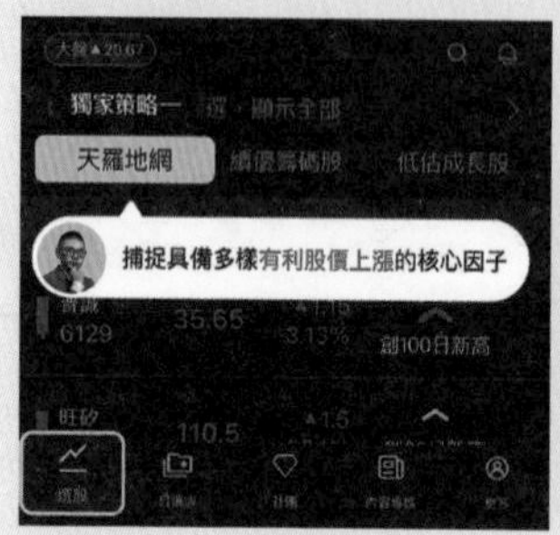

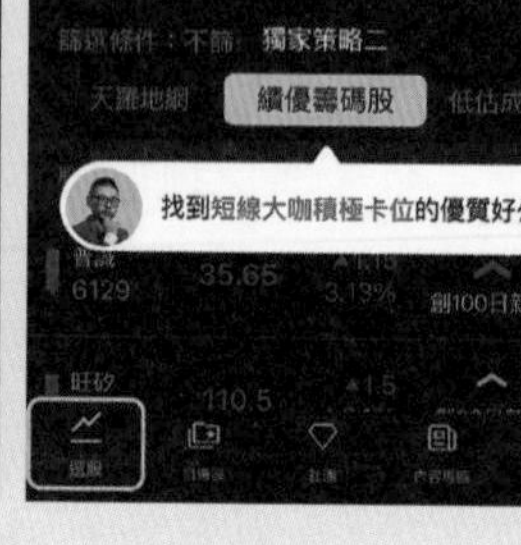

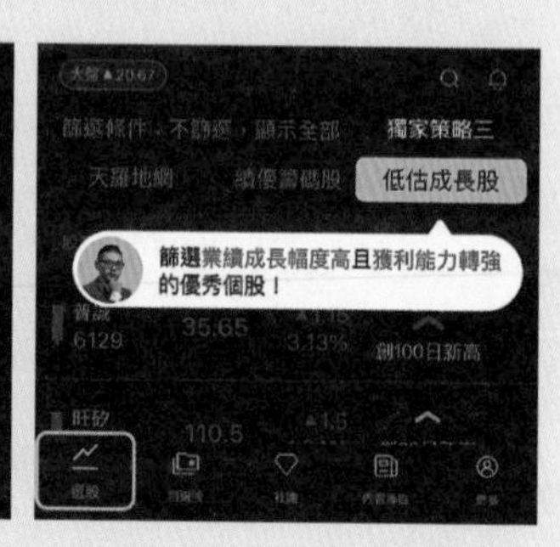

資料來源：小路台股實戰 App

App 功能介紹：②個股頁面

個股頁面整合 9 大資訊：即時、K 線、主力、資券、盈餘、營收、討論、新聞、基本資料，讓投資者多面向掌握一檔個股的資訊，也能作為日常看盤的工具。

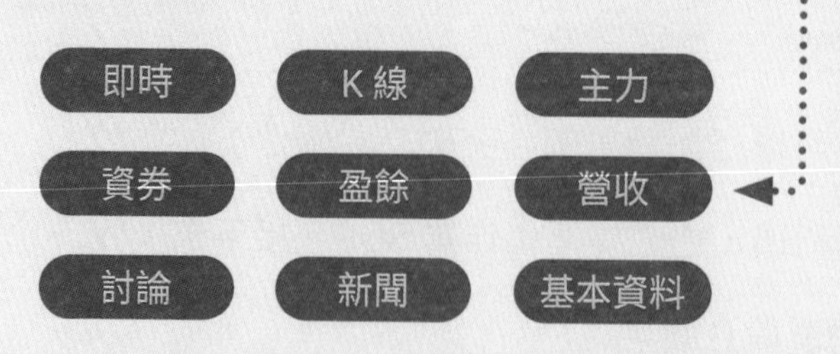

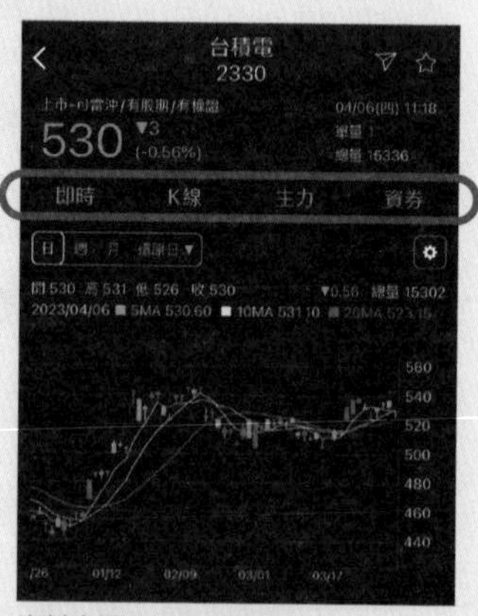

資料來源：小路台股實戰 App

App 功能介紹：③自選股

當你透過選股功能找到心儀的個股，或是根據 SOP 邏輯找到符合架構的公司後，可以把它加入自選股頁籤當中，幫你快速統整每天做完功課後的清單，方便後續交易、觀察需求。

資料來源：小路台股實戰 App

App 功能介紹：④社團及內容專區

App 當中還有社團功能，可以快速瀏覽我在「股市爆料同學會」的貼文，此外，VIP 社團功能提供使用者更進階的文章與討論空間，可以和同學們深度交流。最後還有 Podcast 的頻道，可以直接在 App 內收聽，一邊選股一邊收聽內容，是很棒的學習路徑。

內容專區分成「文章」與「影音」2 個區塊，文章區可以看到我撰寫的文章與觀點分享，影音部分也會分享我的投資觀念，帶領投資人建立科學交易的核心概念。

NOTE

NOTE

投資別再情緒化！
讓數據說話 用科學方法讓本金百倍奉還

作者：黃凱鈞（小路 Lewis）

總編輯：張國蓮
副總編輯：李文瑜
責任編輯：劉彥辰
美術設計：謝仲青
封面攝影：張家禎

董事長：李岳能
發行：金尉股份有限公司
地址：新北市板橋區文化路一段 268 號 20 樓之 2
傳真：02-2258-5366
讀者信箱：moneyservice@cmoney.com.tw
網址：money.cmoney.tw
客服 Line@：@m22585366

製版印刷：鴻霖印刷股份有限公司
總經銷：聯合發行股份有限公司

初版 1 刷：2023 年 4 月

定價：380 元

Printed in Taiwan

國家圖書館出版品預行編目（CIP）資料

投資別再情緒化！: 讓數據說話 用科學方法讓本金百倍奉還 / 小路 Lewis 著 . -- 初版 . -- 新北市 : 金尉股份有限公司 , 2023.04
面；　公分
ISBN 978-626-96799-7-3(平裝)
1.CST: 股票投資 2.CST: 投資技術 3.CST: 投資分析

563.53　　112004988

Money錢

Money錢